**피터드러커**
경영 키워드 365

# Peter F. Drucker
## 피터 드러커
### 경영 키워드 365
| 이재규 편저 |

사과나무

### 피터 드러커 경영 키워드 365

1판 1쇄 발행 2005년 3월 25일
1판 3쇄 발행 2007년 4월 25일

편저자 이재규
펴낸곳 도서출판 사과나무
펴낸이 권정자
본문 디자인 김성엽
등 록 1996년 9월 30일(제11-123)
주 소 경기도 고양시 행신동 샘터마을 301-1208

전 화 (031) 978-3436
팩 스 (031) 978-2835
e-메일 bookpd@hanmail.net

값 14,000원

ISBN 89-87162-66-4  03320

*잘못 만들어진 책은 바꾸어드립니다.
*저자와의 협의하에 인지 첨부를 생략합니다.

## 머리말

1992년 〈자본주의 이후의 사회〉를 처음 번역한 이후 지난해 〈기업가 정신〉까지 나는 피터 드러커 교수(지금은 특강 외에는 학점을 주는 강의는 중단했으나 2년 전까지도 정식으로 강의를 했다)의 저서를 15권 번역했다. 물론 그 가운데는 일본의 우에다 아쯔오씨가 편집한 드러커 에센셜 시리즈도 포함되어 있다.

나는 드러커의 저서를 번역하는 도중에 차츰 드러커의 경영 및 사회 사상을 우리나라에 보다 널리 보급하는 역할을 하는 것도 의미가 있겠다는 생각이 들었다. 비유할 자격이 턱없이 부족하다는 것을 알지만, 그래도 비유를 하자면 마치 J. B. 세이가 〈국부론〉을 비롯하여 애덤 스미스의 저서들을 프랑스어로 번역하고 또 스미스의 사상을 프랑스에 보급한 것처럼 말이다.

그래서 나는 2001년 〈지식르네상스인 피터 드러커 평전〉(한국경제신문)을 필두로, 2003년에는 나의 기존의 〈경영학원론〉에다 드러커의 지식경영사상을 정리, 삽입하고는 책이름을 〈지식경영학원론〉(박영사)으로 바꾸어 개정 출판했고, 지난해에는 그동안 각종 잡지와 신문 그리고 방송원고를 묶어 〈피터 드러커의 경영전략〉(사과나무출판사)이라는 제목으로 출판했으며, 이어 지식사회, 지식근로자, 지식생산성에 관한 드러커의 사상을 정리하여 〈지식근로자가 되는 길〉(한국경제신문)이라는 제목으로 출판했다.

　이번의 것은 또 다른 한 만남과 만용의 산물이다. 사실 드러커의 저서들은 본질적으로 대중을 위한 책이 아니고, 주로 기업의 최고경영자와 경제인과 정치인을 위한 것이다. 많은 독자들이 느끼듯이 읽기 쉬운 책도 아니다. 또 번역하기도 쉽지 않았다. 드러커 교수는 워낙 박식한데다 도중에 라틴말, 독어와 프랑스어를 간혹 섞어 글멋을 내기 때문에 한줄 번역하고 역주를 다는데 하루 종일 걸리는 경우도 허다했다. 따라서 드러커의 지식사상의 진수를 느낄 수 있는 격언들만 모아 일반인에게도 알리는 것도 의미가 있겠다고 어렴풋이 생각을 하고 있었다.

　그러던 차에, 2003년 말 어느 날 대구일보의 이태열 회장과 만나 이야기를 나누던 중 드러커의 명언을 일간신문의 경제난 한 귀퉁이에 게재하는 것이 어떨까 하는 생각을 이회장에게 말했더니 이회장은 선뜻 대구일보에 게재를 허락해주셨다. 그래서 〈단절의 시대〉(The Age of Discontinuity) 〈자기경영노트〉(The Effective Executive) 〈기업가정신〉(Innovation and Entrepreneurship), 그리고 〈21세기 지식경영〉(The Management Challenges for 21st Century)에서 지식격언을 영어로 발췌하고는 이에 대한 해설을 곁들여 지난 한 해 매일 게재했다.

　새해 들어 게재 횟수는 이미 300회가 넘고 해서 이를 한권의 책으로 발간하면 드러커의 지식경영사상의 이론과 실무에 관심 있는 사람들에게 도움이 되겠다는 생각이 미치게 되었다. 이 생각을 〈피터 드러커의 경영전략〉을 출판해준 사과나무출판사의 권정자 사장에게 상의를 했더니 권사장 또한 기꺼이 출간을 맡기로 하여 이 책이 햇빛을 보게 되었다.

무엇 하나 한다는 것이 늘 그렇지만, 이 책처럼 기존의 자료를 편집만 하면 되는, 어찌 보면 무척 쉬워 보이는 일도 정작 세상에 태어나려면 꽤나 시간이 들고 또 귀찮은 일들이 많다. 그런 점에서 이 책을 만드는데 도와준 몇 분에게 고마운 마음을 표하고자 한다. 먼저 최초의 원고를 타이핑 치고 또 교정을 보아준 대구대학교의 정효정 선생에게 수고했다는 말을 남긴다. 대구일보의 이태열 회장과 양정봉 편집국장에게 감사의 마음을 전하며, 어려운 출판환경에도 이 책을 출간해준 권정자 사장에 고마움을 표시한다.

2005년 3월
편저자

# Contents

## 단절 ··· 17

1_ 어제의 것은 버려라
2_ 전통산업은 경험의 산물이었다
3_ 새로운 산업은 지식산업이다
4_ 지식산업은 서비스산업이 아니라 1차 산업이다
5_ 미국 경제는 지식경제다
6_ 지식근로자가 등장했다
7_ 지식근로자의 생산성
8_ 지식은 경험을 대체했다
9_ 프로그램 교육은 도제제도를 대체했다
10_ 지식에 기초한 기능인
11_ 공업이냐 농업이냐
12_ 농업 노동력의 역설
13_ 정보산업의 특징
14_ 특정 산업의 쇠퇴 징조
15_ 물질 혁명은 부존자원이 없는 한국에게는 기회다
16_ 연구소도 서로 협조해야 한다
17_ 우리가 해야 할 질문

## 다원사회의 정부 ··· 34

18_ 정부의 문제
19_ 정부에 대한 환멸
20_ 정부의 역할
21_ 국가 경제는 세계의 변화를 먼저 파악해야 한다
22_ 유능한 정치인
23_ 정권의 기피 인물
24_ 정치에서 권력을 잡는 비결
25_ 권력은 현실이다
26_ 다원사회의 문제
27_ 다원사회에는 조화가 필요하다
28_ 다원사회의 조직의 운명
29_ 옴부즈맨

## 더 중요한 것 ··· 46

30_ 분배와 생산
31_ 분배는 해결책이 못 된다
32_ 피라미드와 쟁기
33_ 두 문화
34_ 비전과 행동
35_ 기술과 시장
36_ 에디슨은 시장에 초점을 맞추었다
37_ 보호주의의 문제점
38_ 원조와 자선의 문제점
39_ 기업가정신
40_ 자본과 사람
41_ 학습 능력에 개인차가 있다
42_ 기업의 논리와 관료의 논리는 다르다
43_ 목표설정이 먼저다

## 기술 ··· 60

44_ 기술의 역학
45_ 컴퓨터는 정신작업을 가능케 했다
46_ 일본의 장점은 배우는 기술이다
47_ 기술은 계급투쟁을 제거한다
48_ 기술변화와 혁신은 경제 활동이다

## 조직관리 ··· 65

49_ 조직은 비생산적인 관행을 제거해야 한다
50_ 혁신적 조직의 금기 사항
51_ 혁신 조직은 관리 조직과 구분해야 한다
52_ 조직은 어제를 잊어야 한다
53_ 모든 조직 활동은 궁극적으로 시대에 뒤지기 마련이다
54_ 조직이 성과를 산출하는 이유

## 세계경제와 다국적기업 ··· 71

55_ 세계는 단일 경제가 되고 있다
56_ 세계 경제는 기업이 만든 것이다
57_ 미국 경제는 정치적 상상력의 산물이었다
58_ 다국적 기업의 등장 이유
59_ 일본의 경제 전략은 미래 지향적이었다
60_ 경제개발은 위험하다. 그러나 개발 포기는 더 위험하다
61_ 이윤은 위험 부담에서 나온다
62_ 경제이론도 바뀐다
63_ 착취에 대한 해결책

## 최고경영자 ··· 80

64_ 최고 직위에 앉은 사람에게 필요한 능력: 결정과 명령
65_ 효율성과 목표달성
66_ 목표달성과 노력의 법칙: 5 대 95
67_ 지식근로자 모두가 경영자다.
68_ 종업원에게 충성심을 기대해서는 안 된다
69_ 리더는 결과를 예상하고 올바른 길로 이끌어야 한다
70_ 리더는 인기 없는 일도 해야 한다
71_ 리더는 문제를 해결해야 한다
72_ 지식근로자와 상사의 관계

## 지식사회와 지식근로자 ··· 89

73_ 사회가 지식사회로 진입한 이유
74_ 지식의 이동성
75_ 종신고용은 종말을 맞았다
76_ 지식은 관할 구역을 모른다
77_ 지출의 중심도 지식으로 변하고 있다
78_ 맞벌이 부부의 등장
79_ 인류의 생활수준을 향상시킨 두 가지 요인
80_ 경력 기회의 확대
81_ 지식근로자의 동기부여
82_ 성취욕구
83_ 누가 지식근로자에게 명령을 내리는가?
84_ 근로수명이 길어진 시대의 문제점
85_ 지식근로자의 사회공헌 욕구
86_ 우수한 자는 스스로 집착한다
87_ 지식근로자의 개인차는 매우 크다
88_ 지식근로자는 끊임없는 변신이 필요하다
89_ 지식근로자는 도전의욕이 필요하다
90_ 미숙련 노동자의 고용은 공학적으로 뒤처졌기 때문
91_ 노동은 고통이다
92_ 정신연령과 육체연령
93_ 평생학습 사회
94_ 학교 성적이 사회의 성공을 보장하지 않는다
95_ 학교는 변해야 한다
96_ 교사의 역할
97_ 자유와 결정으로부터의 도피
98_ 지식사회의 젊은이는 스스로 결정하고 또 책임을 진다
99_ 현대 조직은 개인에게 자유와 기회를 제공한다
100_ 학생들이 해야 할 첫 번째 질문

# Contents

## 기업가 ··· 117

101_ 성취욕구, 그것은 정부가 제공할 수는 없다
102_ 저개발 사회에서도 기업가정신이 등장하고 있다
103_ 헨리 포드
104_ 지금은 또 다시 수준 높은 기업가정신이 필요한 때
105_ 혁신 아이디어는 개구리 알처럼 폐사율이 높다
106_ 이익추구와 손실부담은 기업의 고유한 기능이다
107_ 사기업의 존재 이유
108_ 기업은 기존의 활동을 중단할 수 있다
109_ 혁신가의 자세
110_ 사업가의 실패 원인
111_ 마케팅의 기능
112_ 비합리적 소비자

## 경쟁력 ··· 129

113_ 경쟁력의 원천
114_ 가난을 극복하게 해준 요소
115_ 아르헨티나의 교훈
116_ 일본 경제의 두 거인
117_ 이와사키와 시부사와의 목표
118_ 자본과 노동의 이동 원칙
119_ 왜곡된 자본투자
120_ 육체노동자와 지식근로자의 차이
121_ 자원을 분산시키는 것은 월권행위다

## 지식근로자의 생산성 ··· 138

122_ 지식근로자의 과업
123_ 육체노동자의 능률
124_ 육체노동자에서 지식근로자로
125_ 지식근로자의 책임
126_ 게릴라전에서는 모두가 대장이다
127_ 자기계발
128_ 지식사회의 사회적 문제
129_ 최고경영자의 과업

## 지식생산성 향상 방법 ··· 146

130_ 공헌에 초점을 맞춰라
131_ 공헌의 의미
132_ 선배의 어깨 위에 올라타라
133_ 변신 능력
134_ 지식근로자의 산출물
135_ 인간관계의 유지 비결
136_ 자기계발의 기준을 높여야 한다
137_ 외부 추세의 변화를 파악하라

## 의사결정과 목표달성 ··· 154

138_ 집중이 비결이다
139_ 목표달성 능력에 대한 오해
140_ 인간은 다목적 도구다
141_ 비생산적인 과거와 단절하라
142_ 새로운 것을 하기 전에 낡은 것을 먼저 정리하라
143_ 듀폰의 성공 원칙
144_ 목표를 달성하는 경영자의 전제조건
145_ 의사결정은 최적안의 선택이다

146_ 목표 달성에 성공하는 사람들의 노하우
147_ 판단에는 대안이 필요하다
148_ 의사결정은 외과수술과 같다
149_ 어중간한 결정이 가장 위험하다
150_ 강점을 활용하라
151_ 개인의 목표달성 능력을 먼저 계발해야 한다
152_ 조직의 목표 달성 능력을 향상하라

## 인사관리 ··· 169

153_ 강점에 기초한 인사 배치
154_ 무엇을 잘하는가
155_ 카네기의 묘비명
156_ 로버트 리 장군의 일화
157_ 부하를 고르는 원칙
158_ 강점에 기반을 둔 조직
159_ 지식근로자의 능력과 조직의 분위기
160_ 인사 고과의 목적
161_ 없어서는 안 될 사람은 없다
162_ 실적이 증명된 사람을 승진시켜라
163_ 마셜 장군의 인사원칙
164_ 상사의 강점을 활용하라
165_ 상사를 가르치려 하지 말라
166_ 다른 사람이 되려 하지 말라
167_ 선두주자와 평범한 사람의 격차
168_ 최고경영자의 임무
169_ 사람을 파악하는 데는 시간이 필요하다
170_ 인사 결정은 천천히
171_ 사람이 많은 것이 더 문제다

## 시간관리 ··· 188

172_ 시간이라는 자원
173_ 목표달성에는 시간관리가 핵심이다
174_ 머리가 나쁘면 손발이 바쁘다
175_ 거절하는 법을 배워라
176_ 급한 것부터 먼저
177_ 중요한 것만 하라
178_ 회의는 시간 낭비의 요인이다
179_ 시간을 통합하고 마감시간을 정해두어라
180_ 아침 시간을 활용하라
181_ 너 자신의 시간을 알라
182_ 사전에 검토하는 습관을 길러라

## 국가경쟁력 ··· 199

183_ 정부기관은 영원하지 않다
184_ 한시법
185_ 자본축적을 위한 조세정책
186_ 국가의 생존 조건
187_ 첨단기술을 국가경쟁력으로 연결시키기 위한 전제조건

## 이윤 · 고객 · 가격 · 품질 ··· 204

188_ 이윤의 원천
189_ 비합리적 고객
190_ 가격
191_ 품질

# Contents

## 경영혁신 ··· 208

192_ 경영혁신의 정의
193_ 경영혁신은 기업가가 사용하는 실천적인 도구이다
194_ 경영 그 자체가 주요 혁신이다
195_ 경영혁신이란 변화를 목표지향적으로 활용하는 것
196_ 성공적인 혁신가의 모습
197_ 성공적인 혁신의 세 가지 조건
198_ 지식에 기초한 경영혁신
199_ 지식에 기초한 경영혁신과 타이밍
200_ 시장에 초점을 맞춘다

## 경영혁신의 원천 ··· 216

201_ 체계적 경영혁신 활동의 기회를 제공할 7가지 원천
202_ 예상치 못했던 성공의 활용
203_ 예상치 못했던 것을 거부하는 이유
204_ 예상치 못했던 것을 외면하게 되는 또 다른 이유
205_ 예상치 못했던 성공이 필요로 하는 것
206_ 불일치 현상을 활용한다
207_ 프로세스 상의 필요성을 활용한다
208_ 에디슨의 프로그램 연구
209_ 프로그램 연구에 대한 오해
210_ 산업과 시장 구조의 변화를 이용하라
211_ 변화의 필요성을 예고하는 두 가지 지표
212_ 인식의 변화를 이용하라
213_ 인식의 변화는 본질을 바꾸지는 않는다
214_ 컵이 '반이 찼다'와 '반이 비었다'의 차이
215_ 타이밍이 핵심이다

## 경영혁신 추진 과정에 참고할 사항 ··· 232

216_ 현재를 위해 혁신하라
217_ 기업가적으로 경영해야 한다
218_ 멋진 아이디어의 함정
219_ 혁신가는 시야를 넓혀야 한다
220_ 경영혁신의 결과는 원래의 의도와 다를 수 있다
221_ 혁신의 기회는 조용히 다가온다
222_ 비공식적 상향식 회합도 필요하다
223_ 다각화는 위험하다
224_ 신규 비즈니스 관리자에 대한 보상
225_ 프로젝트 매니저
226_ 피드백
227_ 기업가적 회사들의 특징
228_ 인적자원 배치 결정 원칙
229_ 인적자원과 재무자원
230_ 무익한 일에 최고의 인적자원을 투입해서는 안 된다

## 경영혁신 성공과 실패 사례 ··· 247

231_ 대기업들의 위기
232_ 월트 디즈니와 맥도날드
233_ 제록스의 성공비결
234_ 제록스의 실패 원인
235_ MG가 사라지고 시트로앵이 고전하는 이유
236_ 레녹스 도자기
237_ 틈새전략의 예 : 여행자 수표
238_ 교육 혁신을 가능케 한 교과서
239_ 노동조합의 성공과 몰락
240_ 잉여 노동자를 혁신의 기회로 활용해야 한다
241_ 노동자 문제가 중요한 이유
242_ 패배는 혁신을 강요한다

## 공공기관의 경영혁신 ··· 259

243_ 공공기관도 혁신해야 한다
244_ 서비스 기관의 기회와 위협
245_ 공공서비스 부문의 성장
246_ 공공서비스 기관의 사명
247_ 목표를 현실적으로 표현하라
248_ 링컨시의 공공부문 경영혁신 사례

## 기업가정신 ··· 265

249_ 기업가정신의 의의
250_ 기업가적인 기업이 되기 위한 필요조건
251_ 기업가정신의 발휘 대상은 동일하다
252_ 기업가정신의 발휘가 위험한 이유
253_ 기업가정신에 특별히 적합한 성격과 태도는 없다
254_ 기업가정신의 구성요소
255_ 기업가적 프로젝트 추진 요건
256_ 기업가적 경영자의 금기사항
257_ 성공적인 기업가들의 목표
258_ 공공서비스 기관의 목표
259_ 기업가사회를 만들어야 한다

## 총력전략 ··· 276

260_ 네 가지 기업가적 전략
261_ 최정예부대를 동원하여 고지를 선점하라
262_ 목표를 정확하게 공략하라
263_ 기회는 단 한번뿐이다
264_ 총력전략의 실패요인

## 창조적 모방 전략과 게릴라전략 ··· 281

265_ 창조적 모방 전략
266_ 창조적 모방 전략의 역할
267_ 창조적 모방이라는 용어는 모순이다
268_ 창조적 모방 전략과 하이테크 산업
269_ 게릴라전략의 의의
270_ 게릴라전략의 목표

## 틈새시장 전략 ··· 286

271_ 틈새시장의 타이밍
272_ 틈새시장을 획득할 기회
273_ 틈새시장의 발견 방법
274_ 전문기술 틈새시장의 한계
275_ 전문시장 틈새전략의 위험

# Contents

## 경영관리 기술 ··· 292

276_ 경영혁신 정책을 조직내에 널리 알려라
277_ 벤처기업가는 경영관리 기술을 배워야 한다
278_ 벤처기업의 최고경영자 팀
279_ 새로운 벤처기업의 위협 요인 : 시장 초점의 부족
280_ 새로운 벤처기업의 위협 요인 : 재무 초점의 부족
281_ 경영관리 능력 유지의 중요성
282_ 벤처기업가는 기업가적 경영관리를 배워야 한다
283_ 기업가적 경영관리를 실행하기 위한 네 가지 요건
284_ 기업가적 경영관리의 네 가지 주요 정책과 실천사항
285_ 새로운 벤처기업의 기회
286_ '문제' 때문에 '기회'를 놓쳐는 안 된다

## 새로운 패러다임 ··· 303

287_ 패러다임이란 사회과학에서만 통하는 지배적 이론이다
288_ 과학적 관리를 실천적으로 적용한 최초의 기관
289_ 비영리부문이 더 빠르게 성장한다
290_ 단 하나의 올바른 조직이란 없다
291_ 사람을 다루는 단 하나의 올바른 방법은 없다
292_ 보스의 정의
293_ 오케스트라의 지휘자와 연주자
294_ 명령통일화의 원칙
295_ 수평조직의 원칙
296_ 팀조직의 가장 좋은 예는 외과 수술팀이다
297_ 퍼스낼리티 숭배는 틀렸다
298_ 변하는 고용관계
299_ 정보이론은 풍요이론이다
300_ 경영과 국경

## 외부 환경 ··· 317

301_ 경영의 결과는 오직 조직 외부에만 존재한다
302_ 로마 가톨릭교회
303_ 인구문제
304_ 인구변화를 전략적으로 이용하라
305_ 은퇴연령의 연장
306_ 이민 홍수
307_ 부유한 노인들이 경제를 좌우한다
308_ 권력의 속성
309_ 연금이 대주주로 등장했다

## 지식근로자의 속성 ··· 326

310_ 지식근로자의 이동성
311_ 지식근로자는 부하가 아니다
312_ 지식근로자는 파트너이다
313_ 지식근로자 관리의 출발점
314_ 목표를 달성하는 방법은 많다
315_ 지식작업의 노동역설
316_ 테일러와 과학적 관리
317_ 생산성 임금
318_ 선진국 노동력의 중심
319_ 육체노동자의 생산성 향상 방법
320_ 지식근로자의 생산성
321_ 지식근로자와 육체근로자의 차이
322_ 지식작업의 특징
323_ 지식근로자의 생산성을 결정하는 6가지 주요 요소
324_ 지식근로자가 스스로 해야 할 질문

## 글로벌 스탠더드 ··· 341

325_ 국제 경쟁력
326_ 전략의 목적
327_ 경영자의 과업
328_ 지식이 생산요소인 시대, 경영자의 임무는?
329_ 기업 전략의 기초적 조건
330_ 성숙산업의 전략
331_ 기업의 생존전략

332_ 윤리경영
333_ 윤리경영이 필요한 이유
334_ 환위험
335_ 투기의 결과
336_ 국가의 규모는 작아지고 있다
337_ 힘을 분산해서는 안 된다

## 변화관리 ··· 354

338_ 변화의 원칙
339_ 변화주도자의 요건
340_ 변화주도자의 자세
341_ 변화주도자의 첫 번째 과업: 조직적 폐기
342_ 질문의 순서
343_ 변화주도자의 두 번째 과업 : 카이젠
344_ 변화주도자의 세 번째 과업: 성공 경험의 활용
345_ 기회에 초점을 맞추어야 한다
346_ 경영혁신의 함정
347_ 시장조사

348_ 제임스 와트의 실수
349_ 해결사
350_ 두 가지 예산
351_ 성공 경험을 활용하기 위한 예산
352_ 변화와 연속
353_ 내일은 어제와 다르다
354_ 미래를 예측하는 법
355_ 건강의 의미가 달라지고 있다
356_ 제2의 인생을 준비하라

## 정보혁명 ··· 373

357_ 정보공유
358_ T에서 I로
359_ 교육분야의 정보혁명
360_ 종교혁명은 인쇄술 발달의 부산물이었다
361_ 활동기준 원가

362_ 가격중심 원가산정
363_ 최고경영자가 필요로 하는 정보
364_ 조직된 정보
365_ 외부 정보

단절 Peter F. Drucker

## 1_ 어제의 것은 버려라

"연속성의 시대에는 어제의 것이 내일도 그대로 유지될 것으로 기대할 수 있다. 따라서 어제의 것을 강화하는 것은 내일의 것을 강화하는 것과 마찬가지다. 변화의 시대에는, 그리고 특히 경제의 선두주자로서 신산업이 등장하고 또 기술이 급변하는 시대에는 어제의 것을 강화하는 것은 내일의 것을 약화시키게 마련이다."

In a period of continuity, yesterday could be expected to stay around for tomorrow. To strengthen yesterday was therefore likely to strengthen tomorrow. In a period of change, and especially of rapid technological change in which industries will appear as the economic leaders, to strengthen yesterday weakens tomorrow.

∽

많은 사람들이 다음과 같이 질문할지도 모른다. "사람의 정신을 혼란스럽게 만드는 이런 모든 신기술이 도대체 왜 필요한가? 지금이야말로 기술변화를 중단시키자고 말할 때가 아닌가? 우리가 이미 가지고 있는 것에다 또 다른 새로운 것을 하나 더 보태기보다는, 이미 가진 것을 보다 더 잘 분배하는 일에 관심을 기울여도 될 만큼 우리는 충분히 풍요롭게 살고 있지 않은가?"

그러나 급변하는 혁신의 시대에는 기술변화와 경제성장에 대한 대안은 어제의 것을 그대로 유지하는 것이 아니다. 그렇게 되면 뒤처지고 만다.

## 2_ 전통산업은 경험의 산물이었다

"19세기 후반 등장했고 또한 오늘날 우리의 경제와 산업활동을 지배하고 있는 소위 '현대 산업'들은 대체로 지식에 기반을 둔 것이라기보다는 경험에 기반을 둔 것이었다."

The so-called "modern" industries, which came into being in the second half of the nineteenth century and which still dominate our economic and industrial life today, were largely experience-based rather than knowledge-based.

∽

 1850년까지는 모든 기술과 모든 산업은 경험에 기초를 두고 있었다. 지식, 즉 체계적, 목적 지향적 조직적 정보는 1850년 이전의 기술 및 산업과는 아무런 관계가 없었다. 자동차와 비행기의 탄생 과정에 과학은 거의 아무런 역할도 하지 못했다. 비유하자면, 과학은 산파(産婆)는 고사하고 심지어 대모(代母)라는 보조적인 역할도 못했다. 대체로 말해, 전기산업도 그랬다. 예를 들면, 에디슨은 현대적인 모습의 연구자라기보다는 전통적인 장인에 더 가까웠다.
 제1차 세계대전 이전 60~70년 전에는 대학 교육을 받은 발명가들은 거의 눈에 띄지 않았다.

## 3_ 새로운 산업은 지식산업이다

"새로운 산업들은 예외 없이, '지식근로자'를 많이 고용하는, 지식 컨텐츠가 고도로 포함된 제품과 서비스를 생산하는 '지식산업'이다."

The new industries are, one and all, "knowledge industries," using large numbers of "knowledge workers" and producing goods and services with a high knowledge content.

1930년대 서구의 선진국들은, 미숙련 작업자를 필요로 하는, 그래서 임금이 원가의 주된 부분을 차지하는 노동집약적 산업—예컨대 면직물, 신발, 장난감, 그리고 봉제—에서는 일본과는 더 이상 경쟁을 할 수 없다는 사실을 알아차렸다. 모든 경제 요소들 가운데 가장 생산적이고 또한 가장 비용이 많이 드는 생산요소인 인적자원을 미숙련 노동 분야에 투입하는 것은, 선진 경제에서는 자원을 엄청나게 낭비하는 셈이다.

## 4_ 지식산업은 서비스산업이 아니라 1차 산업이다

"경제학자들은 '지식산업'을 여전히 '서비스'로 분류하는 경향이 있다. 그러나 지식은 실질적으로 '기본적인' 산업, 즉 경제에 필수적이고도 중심적인 생산요소를 제공하는 산업이 되었다."

Economists still tend to classify the "knowledge industries" as "service". But knowledge has actually become the "primary" industry, the industry that supplies to the economy the essential and central resource of production.

∞

지난 수백 년 동안 선진국의 경제 역사는 "농업에서 지식으로" 이동하는 과정이었다고 해도 과언이 아니다. 1, 2백 년 전에는 어떤 경제에 있어서도―고용인구 수나 생산한 제품의 중요성과 가치로 보나―농부가 주축이었지만, 지금은 지식이 선진국 경제의 주요 비용, 주요 투자, 그리고 주요 제품이 되었으며, 그리고 전체 인구 가운데 가장 큰 집단의 생계를 해결하고 있다.

## 5_ 미국 경제는 지식경제다

"미국 경제의 수지부문을 살펴보면 수입은 아이디어와 정보를 생산하고 유통하여 벌어들인 것이고, 지출 역시 그것들을 획득하기 위해 지불될 것이다."

American economy will be earned by producing and distributing ideas and information, and will be spent on procuring ideas and information.

∽

제2차 세계대전까지만 해도 미국은 재화 중심의 경제였으나, 지금은 지식경제로 변했다. 미국의 최대 단일 직업은 가르치는 직업, 즉 지식을 체계적으로 공급하고 또 지식을 적용하는 방법을 체계적으로 훈련시키는 직업이다.

제2차 세계대전 직전 반숙련 기계공, 즉 조립라인의 근로자가 미국 노동력의 중심 세력이었다. 그러나 오늘날은 지식근로자, 즉 육체적 기술이나 근육으로 생산 작업을 하는 것이 아니라 아이디어, 개념, 그리고 정보를 적용하는 근로자들이 중심 세력이 되었다.

## 6_ 지식근로자가 등장했다

"새로운 산업은 노동력 차원에서도 육체노동자가 필요한 것이 아니라 지식근로자가 필요하다."

New industries are different in their work force, for they demand knowledge workers rather than manual workers.

∞

1850~1870년 사이 경제의 중심은 산업혁명 초기시대(1750~1850)의 산업들, 즉 석탄과 증기기관, 섬유, 그리고 기계 기구 등에서 새롭고도 다른 산업들, 예컨대 철강과 전기, 유기화학, 그리고 내연 기관 등으로 이동했다.

지금 우리는 새롭고도 다른 기술, 다른 과학, 다른 논리, 그리고 다른 지각방식에 기초한 산업으로 그 당시와 마찬가지로 급격하게 이동하는 초기 단계에 와 있다. 새로운 산업은 노동력 측면에서도 마찬가지다.

## 7_ 지식근로자의 생산성

"지식근로자의 생산성은 경험을 통해 습득된 기능에 의해서가 아니라 개념과 아이디어 그리고 이론—즉 학교에서 배운 것—을 작업에 응용하는 능력에 달려 있을 것이다."

The productivity of the knowledge worker will depend on his ability to put to work concepts, ideas, theories—that is, things learned in school—rather than skills acquired through experience.

∽

컴퓨터 프로그래밍 작업은 어마어마한 고용기회를 제공하지만 반숙련 작업이다. 프로그래머가 되기 위해 필요한 사항은 중학교에서 가르치는 수학, 3개월간의 훈련, 그리고 6개월간의 실습이면 족하다. 그러나 그런 기술이 매우 수준 높은 것은 아니지만, 그것은 경험이나 육체적 훈련보다는 지식에 기반을 두고 있다.

새로 생기는 일자리는, 그것이 숙련을 요하든 않든 간에, 그 기초는 하나 같이 지식일 것이다. 그런 지식을 사전에 준비하려면 도제생활을 통해서가 아니라 정규 교육과정을 거쳐야 할 것이다.

## 8_ 지식은 경험을 대체했다


"지식은 '경험을 통한 기능습득' 대신에 '체계적 학습'을 통해 배우는 것을 가능하게 해준다. 지식에 기초하여 기능을 습득한 사람은 배우는 방법을 배운 셈이다."

Knowledge substitutes "systematic learning" for "exposure to experience". The man who has once acquired skill on a knowledge foundation has learned to learn.

∞

지식은 도제제도(apprenticeship)로는 절대로 습득할 수 없는 새로운 기능을 단기적으로 습득할 수 있도록 해준다. 따라서 정보와 개념을 체계적으로 조직한 지식은 경험으로 익히는 도제제도를 불필요하게 만든다. 체계적인 지식의 습득은 경험을 불필요한 것으로 만든다는 말이다.

## 9_ 프로그램 교육은 도제제도를 대체했다

"전통적인 장인 직업은 시대에 뒤떨어졌다. 어떤 기능에 대해 사전 지식이 없는 사람이 '프로그램' 대로 교육을 받으면, 가장 복잡한 기능도 습득할 수 있다는 것이 입증되었다."

The traditional craft are obsolete. We have proved that the most complex skill can be acquired by people with little background if taught by "program".

∞

장인 기술(craftsmanship)은 인간은 도제제도를 통해 배운다는 것을 전제로 한다. 그러나 누구라도 십수 년간 정규 교육을 받을 수 있게 된 오늘날, 도제제도는 더 이상 적절한 방법이 아니다. 정말이지 도제교육을 받을 수 있는 자격을 갖춘 후보자를 더 이상 찾기도 어렵다.

제2차 세계대전 당시 미국 공군은 거의 문맹에 가까운 흑인들을 전기기술자로 훈련시켰다. 다른 선택의 여지가 없었다. 능력이 있는 백인들은 도제교육을 다 마칠 정도로 오래도록 군대에 남아 있지 않았기 때문이다.

## 10_ 지식에 기초한 기능인

"지식기반을 확보하게 되면, 사람들은 이미 배운 것을 버리고 다른 새로운 것을 다시 배우는 것이 가능하게 된다."

A knowledge foundation enables people to unlearn and to relearn.

∞

지식에 기초한 기능은 사람들로 하여금 하나의 특정 업무를 하나의 특정한 방법으로만 수행할 줄 아는 "장인"(craftsman)이 아니라 지식, 기능, 그리고 도구를 작업에 적용할 수 있는 "기술자"(technologist)가 되도록 한다. 기술자는 자신의 지식을 적용하고, 자신의 판단력을 활용하고, 책임감 있는 리더십을 발휘하기 때문에 급료를 받는다.

## 11_ 공업이냐 농업이냐

"영국 사람들이 자국의 곡물법에 반대하는 시위 그리고 식품의 자유 무역을 지지하는 시위는 외국의 농민들을 도우려는 의도가 아니었다. 그 목적은 영국의 공업인구를 기아에서 구출하자는 것이었다."

The English agitation against the English Corn Laws and in favor of free trade in food was not meant to help foreign growers. Its purpose was to save the English industrial masses from starvation.

∞

1815년 영국에서 곡물수입금지법이 제정되었다. 1839년에는 반곡물법 동맹이 결성되었으며, 1846년 곡물법 폐지 법안은 가결되었고 이로써 영국의 자유무역의 길이 전면적으로 열리게 되었다. 19세기 당시의 서구 선진국들은 식량수입량을 계속 증대시키지 않고서는 생존해 나갈 수가 없었다.

선진국들의 농업보호주의 정책은 부끄러운 일이다. 그러나 가난한 나라의 농산물이 서구 선진국 시장에 접근할 수 있도록 진입 장벽을 철폐한다 해도 저개발국의 농업 사정은 아마도 별로 달라지지 않을 것이다. 그 이유는 오늘날 대부분의 공업국들은 농산물 잉여 생산국이 되었기 때문이다.

## 12_ 농업 노동력의 역설

"경쟁력을 상실한 농부와 농업 노동자가 도시 노동자로 변신한 것 그 자체가 어쩌면 국가 전체의 생산성을 향상시킨 요인들 가운데 단일 요인으로서는 가장 큰 요인일는지도 모른다."

The transfer of marginal farmers and farm workers to urban employment has by itself probably been the largest single factor in the rise of national productivity.

∞

20세기 초 미국에서 농업은 가장 눈부신 성장 가도를 달린 산업이었다. 1900년 미국의 경우, 노동력 20명당 10명이 토지에 매달려 있었다. 1945년, 즉 제2차 세계대전이 끝날 무렵, 미국 인구의 거의 3분의 1이 여전히 농부였다. 1960년대에는 10분의 1 이하로 떨어졌다. 그런데도 지금 미국의 농부들은 과거 훨씬 더 많은 농부들이 생산했던 것보다 몇 배나 더 많은 식량과 농작물을 생산하고 있다.

잉여 농업 노동력은 노동력이 필요한 제조업, 서비스업, 그리고 급속히 확대되고 있는 정보 산업과 지식 산업으로 이동했다.

## 13_ 정보산업의 특징

"정보산업에 있어 대부분의 자원과 우수한 인력은 정보의 창출과 저장, 즉 컴퓨터 그 자체보다는 정보의 전달과 응용에 투입된다. 그리고 정보산업에서 발생하는 이윤 역시 대부분이 정보의 전달과 응용에서 창출될 것이다."

Most of the money and most of the ingenuity of the information industry will go into the transmission and application of information rather than into its generation and storage, that is, into the computer. And most of the profit will come from transmission and application too.

컴퓨터가 정보산업에서 차지하는 역할은 대체로 발전소가 전력산업에서 차지하는 그것과 비슷하다.

발전소 없이는 전력산업이 불가능한 것과 마찬가지로 컴퓨터 없이는 정보산업은 불가능하다. 전력산업에 있어 대부분의 투자는 송전선, 가로등, 발전기, 혹은 각종 전기장치 등 전력의 송전과 이용에 필요한 장치에 들어간다.

## 14_ 특정 산업의 쇠퇴 징조

"한 주요 산업이 동일한 생산량을 생산하기 위해 더 많은 투자를 해야 한다면, 특히 더 많은 자본투자가 노무비를 충당하는 것에 지나지 않는다면, 그 산업은 급속히 쇠퇴하고 있는 중이다."

Wherever a major industry requires increasing investment to produce the same quantity, especially if the higher capital requirements are not more than offset by savings in labor, the industry is in a sharp decline.

∞

어떤 주요 산업이 그 시점에 아무리 번성하고 또 수지가 맞는 듯 보인다 해도, 그런 추세를 역전시키지 못한다면 그 산업은 쇠퇴로 향해 달려가고 있는 것이다. 기술을 변화시키는 첫 번째 추진 요소는, 그리고 가장 쉽게 확인할 수 있는 요소는 경제적 욕구와 경제적 기회들이다. 필요는 발명의 어머니가 아니라, 산파이다. 큰 혁신이 필요하다는 사실을 알려주는 첫 번째 예고 지표는 주요 산업에서 자본생산성이 하락하는 현상이다.

## 15_ 물질 혁명은 부존자원이 없는 한국에게는 기회다

" '물질 혁명'은 국가들로 하여금 부존자원에 점점 덜 의존하도록 해줄 것이다. 물질 혁명은 최종 사용자로 하여금 특수한 구체적인 원자재에 얽매이지 않도록 할 것이다."

The "materials revolution" will make countries less and less dependent on natural resources. It will make end users increasingly independent of specific substances.

∽

우리가 사용하고 있는 물질들이 얼마나 오래 전부터 존재했는지 잘 알지 못한다. 유리, 철, 비철금속, 목재 등은 그리스 시대부터 존재했다. 종이는 중국이 발명했다. 인조고무와 알루미늄은 20세기에 등장했다. 가장 최근의 신물질 가운데 하나가 플라스틱이다.

물질 혁명은 엄청나게 많은 신제품을 개발할 수 있게 할 것이고, 그 결과 새로운 욕구만족, 그리고 새로운 시장을 창출하게 될 것이다. 그러나 물질 혁명은 기존의 산업구조에 큰 혼란을 야기할 것이고, 전통적인 산업조직에 큰 도전을 안겨줄 것이다.

## 16_ 연구소도 서로 협조해야 한다

"오늘날 누구도, 심지어 정부의 전폭적인 지원을 받는 가장 뛰어난 연구소마저도, 독자적으로 모든 기술을 확보하는 것은 불가능하다는 사실을 인정할 것이다. 모든 연구소는 자신이 어디에 집중해야 할 것인지, 또한 다른 연구소에서 무엇을 협조 받아야 하는지, 그리고 그것을 어느 단계에서 받아야 하는지를 파악해야 할 것이다."

Today everyone, even the most powerful research institutes with all the resources of a government behind them, will have to accept that no one can possibly be self-supporting in technology. Everyone will have to learn what to concentrate on, but also what to bring in from others, and at what stage.

∞

필요한 기술을 모두 자사가 개발한다는 생각은 거의 150년 전 독일의 한 화학회사가 최초로 연구소를 설립하는 계기가 되었다. 그것은 또한 한 세대 후 독일에서 정부가 지원하는 대규모의 연구소, 즉 카이저 빌헬름 연구소(지금은 막스 플랑크 연구소)를 설립하는 기초가 되었다. 그것은 미국에서 최초의 대규모 연구소들, 예컨대 1900년 경 GE 연구소를, 그후 10년가량 지나 벨연구소를 세우는 토대를 제공했다.

지금은 회사가 필요한 모든 것을 다 연구하는 연구소는 없다. 최근 삼성과 소니가 특허를 공유하기로 합의한 것은 연구소간의 협조의 대표적 예다.

## 17_ 우리가 해야 할 질문

"우리가 당면한 질문은, 어떻게 하면 고도의 기술변화 시대를, 다시 말해 신산업이 빠르게 그리고 빈번하게 등장할 가능성이 많은 시대를 경제성장의 시대, 사회 정의의 시대, 그리고 개인의 복지와 성취의 시대로 만드는가 하는 것이다."

The question before us is how to make a period of high technology change, that is, a period in which new industries are likely to emerge fast and frequently, into a period of economic growth, of social justice, and of individual well-being and achievement.

∞

지식을 향상시키기 위해 가장 많이 투자하고 또 그 결과 가장 교육을 많이 받은 사람들을 배출하는 미국은, 새로운 산업, 즉 지식기반산업을 개발하는데 주도권을 잡고 또 그것을 유지하지 않는 한, 세계에서 지금까지 자국이 누리던 경쟁 우위 지위, 경제성과 수준, 그리고 생활수준을 유지하기가 앞으로 점점 더 어려워질 것이다.

따라서 기술변화와 신산업이 등장하기를 진정 바라고 있는가 하는 질문은 적절한 질문이 아니다.

다원사회의 정부　Peter F. Drucker

## 18_ 정부의 문제

"정부는 문제해결 지향적이어야 한다. 왜냐하면 정부는, 원칙적으로, 보호유지 기관이기 때문이다. 문제를 해결하면서 할 수 있는 일은 오직 붕괴를 예방하는 일뿐이다. 이런 식으로 일을 하다보면 새로운 것을 건설할 수가 없는 것은 당연하다."

Government must be problem oriented. For governments arc, of necessity, protective institutions. All one can do in taking care of a problem is to prevent collapse. One cannot build the new this way.

∞

정부는 정부가 할 일을 해야 한다. 정부는 여러 다른 목표들을 경제개발보다 우선순위를 낮게 결정해서는 안 된다. 정부는 다른 여러 정책 분야들─군사 분야 혹은 정치 분야─을 먼저 고려해야 한다. 따라서 정부는 개발자원을 잘못 배분하지 않을 수 없게 된다.

후진국의 정부에게 더욱 절실한 것은 목표달성 능력을 높여야 하고 또 목표 지향적이어야 한다. 정부의 목표달성 능력부족은 정말이지 대부분의 개발도상국들이 안고 있는 중요한 문제이다.

## 19_ 정부에 대한 환멸

"정부에 대한 환멸은 국경과 이념을 넘어 확산되고 있다. 그것은 민주주의 사회에서만큼이나 공산주의 사회에서도 만연하고 있으며, 유색인 국가에서만큼이나 백인사회에서도 흔하다. 이런 환멸은 아마도 우리가 살고 있는 세계에서 가장 골 깊은 단절 현상일는지도 모른다."

The disenchantment with government cuts across national boundaries and ideological lines. It is as prevalent in communist as in democratic societies, as common in white as in non white countries. This disenchantment may well be the most profound discontinuity in the world around us.

∞

1890년대에서 1960년대에 이르는 70여 년 동안 사람들은, 특히 선진국 사람들은 정부에게 매료당했다. 사람들은 정부를 사랑했고, 정부의 능력은 혹은 그 선한 의도는 무한하다고 생각했다. 1918년에서 1960년 사이에 성년을 맞은 사람들은 그 어느 세대보다도 정치적으로 정부를 더 열렬하게 사랑했다. 그 시기에는 누군가가 해야 할 필요가 있다고 느낀 그 어떤 것이라도 정부에게 전달되었다—그리고 그것이 곧 실천에 옮겨졌다고 모든 사람들이 믿는 것처럼 보였다. 그러나 그것은 환상이라는 것을 지금은 깨닫게 되었다.

## 20_ 정부의 역할

"정부는 보호할 의무가 있다. 경제가 급변하는 시대에는 보호해야 할 필요성이 커질 것이고 또 합법적인 요구들이 발생한다."

Government has a duty to protect. In a period of rapid economic change, there will be great and legitimate pressure for protection.

∞

현대 선진국 정부가 19세기의 자유방임주의로 회귀한다는 것은, 그것이 아무리 바람직하고 또 사회적으로 이점이 크다 해도 비현실적이다.

하지만, 전통적인 그리고 근본적으로 부정직한 보호 방법은, 즉 비밀스런 방법은 효과를 거두기보다는 국민들에게 엄청나게 해를 끼치고, 또 심지어 보호를 받아야 하는 사람들에게도 올바른 방법이 아니다.

## 21_ 국가 경제는 세계의 변화를 먼저 파악해야 한다

"국가의 규모가 큰 선진국도 경제 성장의 출발신호를 점점 더 세계 경제로부터, 그리고 세계 경제의 추세와 사태발전으로부터 얻어야만 할 것이다. 선진 경제의 정부는 외부를 보는 법을, 그리고 국제경제상의 지표를 바탕으로 국내 경제를 개발하는 법을 배워야만 할 것이다."

The large developed country will increasingly have to take its cues from the world economy and its trends and developments. Government in the developed economies will have to learn to look outside and to develop their domestic policies on the basis of the indicators of the international economy.

◈

과거 규모가 작은 국가들—네덜란드, 스위스, 그리고 스웨덴—은 항상 이 기준을 따르지 않으면 안 되었다. 국제거래와 국제시장은—그런 나라들이 그것을 선호하든 혹은 기피하든 간에 어쨌든—그런 나라들의 경제를 지배했다. 하지만 규모가 큰 국가들 중에는 오직 일본만이 1950년 이후 국제경제를 기초로 국가 경제를 운영했다. 이것이 일본 경제가 획기적인 성과를 올리게 된 중심적인 이유들 가운데 하나라는 점은 의심할 여지가 없다.

## 22_ 유능한 정치인

"오늘날 '강한' 대통령 혹은 '강한' 총리는 강력한 정책들을 만드는 지도자가 아니다. 그는 고집 센 관료들로 하여금 그의 명령을 따르도록 하는 방법을 아는 사람이다."

Today a "strong" president or a "strong" prime minister is not at man of strong policies; he is the man who knows how to make the lions of the bureaucracy do his bidding.

∞

철학도 없고 리더로서의 자질도 없는 관료적인 사람이 지도자로 등장하는 경우가 있는데, 그것은 그들이 어쨌든 관료들로 하여금 그들의 명령을 따르게 하는 방법을 알기 때문이다.
만약 정부가 자국민들을 보호하지 못한다면, 정부가 존재해야 하는 첫 번째 이유가 없는 것이다. 어떤 현상의 마지막 10%를 통제하려면 처음 90%를 통제하는 것보다도 항상 비용이 더 든다. 모든 것을 다 통제하려고 하면, 그것은 엄청나게 비용이 든다. 하지만 이것이 바로 정부가 항상 해야 하는 것으로 기대되는 것이다.

## 23_ 정권의 기피 인물

"정부에 관한 한, 충성심은 성과보다도 더 중요하며, 그리고 마땅히 그래야만 한다. 정치체제가 어떻든 간에 첫 번째 질문은 '도대체 이 사람은 누구 편인가?' 하는 것이다. 그 뒤에, 그리고 성과보다는 훨씬 앞에, 당에 대한 충성심과 인간관계가 고려된다."

In government, loyalty is mere important than performance, and has to be. Whatever the system the first question is "Whose man is he?" After that, and long before performance, come party allegiance and connections.

∞

사실, 유능하지만 상대편에 속해 있는 사람, 혹은 줄을 잘못 선 사람은 권력자에게는 주요 위협요소이다. 이 점에 있어서는 대통령제도의 미국, 의회제도의 영국, 그리고 소련의 정치국 사이에 차이가 없다. 뛰어난 성과를 기록하면서도 정치가나 정치로부터 초연하게 행동하는 우수한 사람만큼 기피되는―그리고 위협적인―인물도 없다.

반대로 충성스런 추종자만큼 총애를 받는 인물도 없다.

## 24_ 정치에서 권력을 잡는 비결

"정치의 장에서는 관리자로서 탁월한 성과를 내는 것만으로는 절대로 최고의 자리에 올라갈 수 없다."

By excelling as a manager, no one in politics will ever get to the top.

∞

권력자란 결국 추종자들을 거느린 사람이다. 따라서 정치에서는 어떤 사람이 관리자로서의 능력을 가짐과 동시에 자신만의 정치 도구를, 정치적 추종자를, 그리고 파당을 만들지 않고서는 최고의 권력에 오를 수 없다는 말이다.

## 25_ 권력은 현실이다

"권력은 사용되어져야 한다. 권력은 현실이다. 만약 점잖고 이상적인 사람들이 권력을 쓰레기통에 버리면, 쓰레기통을 뒤지는 넝마주이가 그것을 집어가게 된다."

Power has to be used. It is a reality. If the decent and idealistic toss power in the gutter, the guttersnipes pick it up.

만약 유능하고 교육받은 사람들이 권력을 책임있게 사용하기를 거부하면, 무책임하고도 무능한 사람들이 권력자의 자리를 넘겨받고서 권력의 조종간을 잡을 것이다. 사회적으로 타당한 목적을 위해 사용되지 않은 권력은 오직 자신의 이익만을 위해 권력을 사용하는 사람에게 넘어간다. 잘해야 그것은 비굴하게 굴면서 전횡을 부리고, 독단적이며, 그리고 관료적인 출세주의자들의 손에 넘어간다. 권력은 제대로 사용하지 않으면 사익 추구에 남용된다는 말이다.

## 26_ 다원사회의 문제

"역사가 가르쳐주는 것처럼, 다원주의의 위험은 사실 이런 저런 이익집단에 의한 지배가 아니다. 그것은 의사결정 불능 상태에 빠지는 것 그리고 '상호 대항하는 권력들'이 서로 다투기만 하는 교착 상태에 빠져버리는 것이다."

In fact, the danger in pluralism, as history teaches, is not domination by this or that interest group; it is collapse into indecision and into a stalemate of competing "countervailing powers".

J. K. 갤브레이드가 설파한 것처럼, 다원사회는 "상호 대항하는 권력들"로 구성된 조직이다. 오늘날 젊은이들이 일으킨 조직에 대한 반란에는 한층 더 큰 위험이 도사리고 있다. 즉 거짓 지도자들에게 권력이 넘어갈 위험 말이다. 젊은이들이 리더십을 거부한다는 주장은 진실이 아니다. 그들은 리더십을 찾고 있다. 그들은 리더십을 필요로 한다. 만약 그들이 리더십을 "기존의 사회체제"에서 찾을 수 없으면―심지어 "체제 내의 반대당"에서 찾을 수 없으면―젊은이들은 선동가들의 선전에 쉽게 넘어가고 만다. 1930년대 초 나치의 등장이 그 대표적인 예다.

## 27_ 다원사회에는 조화가 필요하다

"다양성에 대한 해결책은 획일성이 아니다. 그 대답은 조화이다."

The answer to diversity is not uniformity. The answer is unity.

∽

우리는 사회의 다양성을 억누를 수 있다고 기대할 수 없다. 다원사회를 대변하는 각각의 기관들이 필요하다. 각각은 하나의 필요한 경제적 기능을 수행한다. 이런 기관들의 자치권을 억누를 수 없다. 정치적 수사학이 그것을 받아들이든 말든 간에, 각각의 기관들은 자신이 수행하는 기능이 다르기 때문에 자신들을 자율적인 기관으로 만드는 것이다. 그러므로 우리는 조화에 초점을 맞추어야 한다. 이것은 오직 강력하고도 목표를 달성하는 정부만이 제공할 수 있다.

## 28_ 다원사회의 조직의 운명

'다원 사회의 조직들 가운데는 '좋은 조직'도 '나쁜 조직'도 없다. 모든 조직은 필요하고, 또한 그 어느 것도 쇠락할 가능성이 있다."

In a pluralist society there are neither "good guys" nor "bad guys" among organizations. All are needed, yet all are capable of degeneration.

∞

모든 조직은 사회가 필요로 하는 도구들로서 각각은 구체적 목적 수행을 하기 위해 "좋은" 존재이지, 그 목적을 벗어나는 순간 그것은 위협으로 돌변한다.

모든 조직들이 진정한 존재 이유, 즉 개인의 필요와 욕구 만족이라는 존재 목적을 달성하지 못해서가 아니라 관료주의적 절차, 타성, 그리고 편의주의에만 치중하는 관료주의의 폐해 때문에 위협을 느끼고 있다. 그러므로 옴부즈맨 제도는 모든 조직 내에서 그리고 모든 조직에 대항하여 설치할 필요가 있다.

## 29_ 옴부즈맨

"옴부즈맨 조직은 관료의 게으름, 오만, 그리고 작은 독재를 막는 개인을 위해서 꼭 필요한 안전 장치이다."

With ombudsman organization, defense of the individual against administrative sloth, arrogance, and petty tyranny becomes an essential safeguard of the individual.

∽

스웨덴 사람들이 최초로 도입한 옴부즈맨 제도에 있어 옴브즈맨의 직무는 시민을 관료주의로부터 보호하는 것이다. 정말이지, 옴부즈맨(혹은 우편 감시인)이 하는 일은 그런 사람이 존재한다는 사실 그 자체에 비하면 그다지 중요한 것은 아니다. 옴부즈맨은 기업에서는 경영자에게 맞서 개인을 보호해야 하고, 또한 아무리 노동조합이 "노동자를 위한다"고 주장하지만, 노동조합으로부터도 보호해야 한다. 이 제도는 정부기관 내에서, 정부기관에 대항하여 설치할 필요가 있다. 또한 대학 내에서 대학에 대항하여 설치해야 한다. 옴부즈맨은 건강을 유지하기 위한 예방조치이다.

## 30_ 분배와 생산

"오늘날 세계가 긴급하게 해결해야 할 문제는 보다 많은 생산을 하는 것이다. 분배만으로는, 그것이 국내의 빈곤문제이든 혹은 전 세계에 걸친 빈곤문제이든 간에, 문제를 해결할 수 없다."

The urgent need in the world today is for more production. Distribution alone cannot do the job, whether the concern is with the problem of poverty at home or with the problem of poverty throughout the world.

∞

분배 문제를 해결할 수 있는 유일한 방법은 가난한 사람들이 (또는 가난한 국가들이) 보다 생산적으로 일을 할 수 있도록 하는 것이다. 그렇게 되면 선진국과 개발도상국 모두 경제성장을 하게 된다.
우리가 고려해야 할 사항은 과학과 기술로부터 무슨 결과를 원하는가가 아니라 최대의 결과를 가져다줄 곳이 어디인가 하는 것이다.

## 31_ 분배는 해결책이 못 된다

"국내적으로든 국제적으로든 간에 빈곤문제를 다룰 때면, 사람들은 먼저 부의 분배를 통해 그 문제를 해결하려는 충동을 느낀다. 불행하게도 그것은 착각으로써, 우리 주위에는 나누어 가질 만큼 충분한 부가 존재하지 않는다."

Whenever we face a problem of poverty, whether domestic or international, our first impulse is to solve it through distributing the wealth. Unfortunately, there is not enough wealth around to get us anything except disillusionment.

∞

부를 분배한다는 것은 사회정의라는 측면에서는 타당할는지 모르지만, 경제적으로 그것은 언제나 어리석은 처사였다.

랜드 연구소는 1960년대 초, 세계의 빈곤문제를 부유한 국가들의 부를 분배하는 방식으로 해결할 경우 총 소요액이 얼마나 될지 계산했다. 전세계 인구 1인당 국민소득을 1,000달러로 상승시키기 위해서는 연간 1조 4천억 달러가 소요될 것인데, 이것은 모든 선진국들의 연간 총소득을 웃도는 액수이며, 그리고 미국이 최고로 많이 지출했던 해의 해외원조액의 거의 200배에 해당하는 금액이다.

## 32_ 피라미드와 쟁기

"피라미드는 서구의 상상력, 즉 세계관, 철학, 수학, 그리고 과학에 획기적인 영향을 미쳤다. 그러나 동시대 사람들 가운데 쟁기의 발명에 대해 관심을 둔 사람은 거의 없었다. 하지만 1~2세기 뒤에 쟁기는 농작물의 생산량을 20배에서 50배까지 증가시켰고, 최초로 인류가 도시를 만들 수 있도록 식량을 공급했다."

The pyramids had momentous impact on the imagination of the West, on its world view, its philosophy, its mathematics, and its science. But few contemporaries paid attention to the plow. Yet within a century or two it had multiplied farm yields twenty to fifty times, providing the food that made possible the first cities of man.

∞

우주탐사는 20세기의 "피라미드"이고 해양개발은 21세기의 "쟁기"가 아닌가 생각해 본다. 바다는 광물자원의 손대지 않은 보고(寶庫)인 것이 틀림없으며, 그것도 육지와는 비할 바 없이 풍부하다. 하지만 지금까지 우리는 바다에 대해서 거의 아무 것도 모르고 있다.

## 33_ 두 문화

"21세기의 기술은 인간이 보유한 지식 전체, 즉 물리학에서 인문학에 이르기까지 모두를 포함하고 또 필요로 한다. 우리는 더 이상 과학과 인문학의 분리를 허용할 수 없다. 앞으로 우리는 과학교육을 받은 사람에게 그가 다시 휴머니스트가 되기를 요구할 것이다."

The technology of the 21century embraces and feeds off the entire array of human knowledges, the physical sciences as well as the humanities. We cannot tolerate such a split between sciences and humanities any more. We will have to demand of the scientifically trained man that he again become a humanist.

그렇지 않으면, 과학자는 자신이 알고 있는 과학을 이용하는데 필요한 지식과 개념이 빈곤하게 될 것이다. 반대로, 우리는 휴머니스트로 하여금 과학을 이해할 것을 요구해야만 할 터인데, 그렇지 않으면 그의 휴머니티는 의미가 없을 것이고 또한 효과를 내지 못할 것이다.

C. P. 스노우(1905~80)의 인기 용어를 빌려 표현하면, 우리는 두 문화(two culture)를 이해하고, 두 문화에 대해 동일한 균형감각을 갖고 살아가야 할 것이다.

## 34_ 비전과 행동

"일반적으로 비전은 행동이 있기 전에 나오는 것이고, 그리고 그것을 이해하는 데는 더 오랜 시간이 걸린다."

Vision, as a rule, comes before action, and understanding comes even later.

∞

IBM을 창업하고 또 세계적 기업으로 성장시킨 토마스 왓슨 시니어(1874~1956)는 컴퓨터가 그토록 널리 보급되는 것을 보지 못하고 죽었다.

하지만 그는 40년 전부터 "자료 처리"에 대해 떠들기 시작했으며, 심지어 그 당시 누구도 "자료 처리"(data processing)라는 용어가 뜻하는 바를 모르는데도 그랬다.

## 35_ 기술과 시장

"앞으로 사업가는 시장의 역동성을 더욱더 이해해야만 할 것이다. 특허에 기초한 제품과 프로세스 가운데서도 대다수는 그 시작이 기술적인 필요에서가 아니라 시장의 필요에 기초를 두고 있다."

The businessman will increasingly have to understand the dynamic of the market. Even among patented products and processes—that is, among products and processes with a high technology content—the majority had their origin in the needs of the market rather than in technology alone.

기술적으로 보면 영국보다도 더 잘한 국가는 없었다. 항생제, 레이더, 그리고 제트 엔진은, 오직 3개만 예를 든 것인데, 모두 영국에서 발명된 것이다. 컴퓨터 역시 많은 부분은 영국의 기술이고, 원자로도 마찬가지이다. 하지만 영국 사람들이 씨를 뿌리고 또 가꾼 이런 많은 기술들로부터 영국이 거둔 결실은 하나도 없다.

비록 그것을 설명해줄 이유가 단 하나만 있는 것은 아니지만, 시장을 제대로 이해하지 못하고 시장의 역동성에 관심을 두지 않은 것이 실패의 중요한 이유인 것만은 분명하다.

## 36_ 에디슨은 시장에 초점을 맞추었다

"전구에 대한 최고의 기술 연구는 에디슨이 한 것이 아니라 영국의 조지프 스완경이 한 것이었다. 그러나 시장에서 승리를 거둔 것은 에디슨이 만든 전구였는데, 그것은 스완과는 달리 에디슨이 시장에 초점을 맞추었다는 간단한 이유 때문이었다."

The true technical work in the electric light bulb was done not by Edison but by his British competitor, Sir Joseph Swan. And yet it was Edison's bulb that won out in the marketplace for the simple reason that, unlike Swan, Edison looked at the market.

∽

에디슨은 스스로 전기회사의 소유자라 생각하고는 "일반 사람들은 무엇을 필요로 하는가? 그리고 나는 무엇을 제공할 수 있는가?"라고 물었다. 그리고는 자신을 주택 소유자의 입장에서 똑같은 질문을 했다. 기술적인 측면으로만 보면 스완의 발명품이 훨씬 더 멋있는 것이었는지도 모른다. 그러나 그것은 시장의 기대와 움직임 그리고 가치에 부합하지 않았던 것이다.

## 37_ 보호주의의 문제점

"보호하게 되면 제대로 크지 못한다. 보조금은 적어도 공개적인 형식을 취한다. 더욱 중요한 것은 보호는, 떨쳐버리기가 점점 더 어렵게 되는, 의존심을 키운다는 점이다."

Protection deforms. Subsidies are at least in the open. More important, protection creates dependence which it is increasingly difficult to abolish.

※

정말이지 보조금은 조만간 한계를 맞게 되는데, 그 이유는 여론과 입법기관은 끊임없는 보조금에 대해 결국에는 인내심을 상실할 것이기 때문이다.

그리고 보조금에는 항상 규제가 뒤따르고, 언제나 수혜자가 더 약해지도록 하고 또 과거보다 생존 능력을 더 떨어뜨린다는 사실이 밝혀지기 때문이다.

## 38_ 원조와 자선의 문제점

"원조와 자선은, 본질적으로, 새로운 기회를 창출하기 위해 투입되기보다는 문제해결에 제공되기 마련이다. 그것은 결과가 가장 큰 곳이 아니라 필요성이 가장 절실한 곳에 투입될 것이다. 따라서 원조는 의존심을 유발하는―혹은 최소한 영구화시키는―경향이 있다."

Aid and philanthropy, by its very nature, will flow toward problems rather than toward opportunities. It will go where the needs are greatest rather than where the results are. It will, therefore, tend to create―or, at least, to perpetuate―dependence.

∞

"자선"은, 19세기 초에 밝혀진 사실이지만, 가난하지만 자존심 강한 사람에게 상처를 안겨준다.

역사적으로 19세기 말과 20세기 초 계급투쟁이 극복된 것은 자선행위 때문이 아니었다. 그 당시 자유주의자들은, 요즘 자유주의자들이 미국 대도시의 흑인 게토 문제를 해결하지 못하고 있는 것과 마찬가지로, 19세기의 빈곤문제를 해결하는 과제에 무력했었다. 실제로 그들은 빈민들에게 아무런 혜택을 주지 못했다.

## 39_ 기업가정신

"무엇보다 필요한 것은 기업가정신이다―즉, 새로운 것 그리고 기존의 것과 다른 것을 창출하는 능력 말이다."

Needed above all is entrepreneurship that is, the ability to create the new and different.

∞

제1차 세계대전 발발 이전 50년간은 "영웅적인 발명의 시대"라고 명명되는데, 그 기간을 "영웅적인 기업가의 시대"라고 불러도 손색이 없다. 그 당시 발명가들은 그들이 다루는 기술적 작업을 경제적 성과로 전환하는 방법과 그들의 발명을 사업으로 전환하는 방법을 알아야만 했다.

오늘날의 대기업들이 창업된 것이 바로 그 무렵이었다. 심지어 그 당시에도 경영 능력―간단히 말해, 추진하고 있는 작업을 담당할 사람들을 조직하는 능력―은 중요했다. 가장 위대한 발명가마저도 경영관리 능력이 없이는, 아무리 그가 거부가 되고자 간절히 원한다 해도 사업체를 잃고 말았다. 에디슨이 그 한 예다.

하지만 경영관리 능력보다도 경제발전에 더 필요한 것은 기업가정신이다.

## 40_ 자본과 사람

"사람은 자본이 없이도 산을 옮길 수 있으나, 사람이 없는 자본은 아무런 쓸데가 없다."

Capital without people is sterile, whereas people can move mountains without capital.

∞

경제 개발을 하려면 먼저 인적자원을 급속히 양성하여 그들을 기회에 투입해야 한다. 그렇게 하기 위해서는 높은 수준의 리더십뿐만 아니라, 리더의 비전을 현실적으로 구현할 수 있는 우수한 인적자원들이 필요하다.

## 41_ 학습 능력에 개인차가 있다

"아무도 인간의 능력에 개인차가 없다고 생각하지 않는다. 능력 차이는 —학습속도와 학습주기에 있어서 개인차와는 달리— 사회적 조건에 따라 또한 영향을 받는다."

No one maintains that there are no differences in ability. Differences in ability—as against the differences in pace and rhythm—are also socially conditioned.

∞

인간은 전반적인 능력에 차이가 있기보다는, "정상 상태"라고 할 수 있는 큰 범위 안에서, 서로 다른 성장 발전 단계에 따라 다른 분야에서, 예컨대 음악이나 스포츠 혹은 그림이나 읽기에서 능력이 집중적으로 발휘된다고 하는 것이 더 옳을 것이다.

또한 학습 능력은 불규칙하게 발달한다는 것이 점점 더 입증되고 있다. 어떤 아이는 걸음마를 빨리 배우고, 또 어떤 아이는 놀이를 혹은 숟가락질을 빨리 하는 것과 꼭 마찬가지로, 어떤 청년은 다른 분야는 일시적으로 "뒤지는" 대신에 음악적 능력은 "앞서는" 경우가 있다.

## 42_ 기업의 논리와 관료의 논리는 다르다

"기업의 논리에 따르면 비용은 오직 결과와 관련해서만 존재한다. 결과가 나타난다면, 규제에 대한 비용은 적으면 적을수록 더 좋다. 공무원들은 이 점을 전혀 이해하지 못한다."

In business logic, costs exist only in contemplation of results. As long as the results are there, the less spent on controlling costs the better. The government servant simply does not understand this.

∽

기업인 역시 공무원의 논리를 이해하지 못한다.
공무원과 민간 계약자는 함께 일하기 위해 각각 상대방과 접촉하지만, 상대방의 태도에 대해 서로 분개하고 또 철저히 의심하고, 그러면서도 각각은 상대방에게 의존한다.

## 43_ 목표설정이 먼저다

"조직은 성취하고자 하는 목적이 무엇인지를 먼저 결정하지 않고서는 아무런 성과를 달성할 수가 없다. 달리 말하면, 분명한 목적을 갖고 있지 않으면 경영을 할 수 없다."

It is not possible to be effective unless one first decides what one wants to accomplish. It is not possible to manage, in other words, unless one has not a goal.

∞

어떤 조직이든 자신이 수행해야 할 기능이 무엇인지, 또 그것을 제대로 수행하고 있는지의 여부를 측정하는 방법을 알고 있지 않으면, 조직의 구조를 설계하는 것조차 불가능하다. 조직은 자신의 목적을 어떻게 결정하는가? 조직은 성과를 향상시키기 위해 자신의 자원을 어떻게 활용하는가? 조직은 자신의 성과를 어떻게 측정하는가? 라는 질문부터 대답해야 한다.

기술  Peter F. Drucker

## 44_ 기술의 역학

"역사를 통틀어, 소위 '전문가들'이 아무리 인간의 지식을 잘 분류한다 해도 인간의 지식은 서로 연결되는 일련의 용기들 속에 담겨 있는 액체와도 같은 것이다. 그 중 하나의 지식이 진보하면 다른 분야의 지식들도 보다 높은 수준으로 올라간다."

All through history, human knowledge, no matter how much the "experts" might departmentalize it, has been like fluid in a set of communicating vessels: an advance in one of them will result in a higher level in other areas.

一

일반적으로 너무도 잘 알고 있는 자신의 분야에 대해서, 그리고 특히 달성할 수 없다고 간주되는 모든 일에 대해서 대부분은 검증해보지도 않고 외면해 버리기 쉽다. 뿐만 아니라 진정 주요한 진보는 자신이 속해 있는 분야에서가 아니라 다른 분야의 발전으로부터 나올 가능성이 더 크다는 것은 거의 틀림없다.

그러므로 기술의 역학을 이해하려면, 자신이 속해 있는 분야의 지식이 아닌 다른 분야의 지식으로부터 항상 출발해야 한다.

## 45_ 컴퓨터는 정신작업을 가능케 했다

"컴퓨터가 없었다면, 전기와 마찬가지로, 정보가 에너지의 한 형태라는 것은 이해할 수 없었을 것이다. 정보는 정신작업을 위한 에너지이다."

Without the computer we would not have understood that information, like electricity, is a form of energy. Information is energy for mind work.

∞

전기는 육체적인 작업을 하는데 사용할 수 있는 가장 값싸고, 가장 흔하고, 그리고 가장 변환하기 쉬운 에너지이다. 오늘날은 컴퓨터 덕분에 정신작업에 필요한 에너지를 활용할 수 있게 되었다.

## 46_ 일본의 장점은 배우는 기술이다

"일본사람들은 신기술의 등장 사실을 파악하는 법, 적절한 단계에 해외에서 신기술을 습득하는 법, 그리고 외국에서 창출된 아이디어를 이용하여 잘 팔리는 성공적인 제품을, 그것도 발빠르게 개발하는 법을 알고 있다."

The Japanese have learned how one looks for the emergence of new technology; how one acquires new technology from aborad at the right stage; and how one develops the foreign-born idea into a successful, marketable product fast.

∞

성공적인 기술개발 전략에 관한 선구적인 사례로 손꼽을 수 있는 나라는 일본이다. 근대 일본의 창건자들은 일본이 기술혁신 분야의 선두가 될 수 없다는 것을 알았다. 따라서 그들은 일본의 모든 에너지를 사회적 문화적 혁신에 투입했다.

어느 국가든 사회체제나 문화를 수입할 수는 없지만, 기술은 수입할 수 있다.

## 47_ 기술은 계급투쟁을 제거한다

"부유한 나라에서는 기술이, 부유한 사람들을 과거보다 가난하게 만드는 것이 아니라, 가난한 사람들을 더 부유하게 만듦으로써 빈부격차의 축소라는 과제에 놀라울 정도로 효과를 발휘하고 있다. 그 결과 19세기에 자주 출몰하곤 했던 유령, 즉 산업사회의 계급투쟁을 대부분 물리칠 수 있었다."

Within the rich nations technology has succeeded to an amazing extent in overcoming the cleavage between the rich and the poor, not by making the rich poorer, but by making the poor richer. It has thereby overcome to a very large extent that haunting specter of the nineteenth century: class war within industrial society.

∞

세계는 기술을 이용하여 부(富)를 창조할 줄 아는 국가들과 그것을 알지 못하는 국가들로 나뉘어져 있다. 따라서 계급투쟁은 소득 기회의 격차라는 새로운 형태의 투쟁으로 대체되었다. 과거에는 그런 격차가 존재했다 해도 크게 문제될 것이 없었다. 왜냐하면, 400년 전에 만약 중국의 가난한 사람이 영국의 부자와 같이 부유한 생활을 하고 있었다 해도, 영국에서 이 사실을 아는 사람은 하나도 없었으니까 말이다.

## 48_ 기술변화와 혁신은 경제 활동이다

"기술변화와 혁신은 토지, 노동, 그리고 자본의 생산성을 결정하는 주요한 경제적 사건들이다. 경제학자가 그런 중요한 현상을 자신이 다루는 주제의 진정한 영역이 아니라고 도외시하는 것은, 마치 '숫자는 수학과 무관하다' 라고 주장하는 수학자와 마찬가지이다."

Technological change and innovation are major economic events determining the productivity of land, labor, and capital. For the economist to brush off such a central phenomenon as not truly part of his subject is like the mathematician's saying, "Number is outside of mathematics".

질병이나 지진과 달리, 심지어 대규모 전쟁과는 달리, 기술변화와 혁신은 본질적으로 경제적 사건이다. 기술변화의 목적은 애당초부터 경제적인 것이다. 그것들은 경제자원의 사용에 있어 변화를 의미하며, 자원배분의 결과로 나타나게 된다. 기술변화의 목적은 경제적 성과를 향상시키는 것이다.

조직관리 Peter F. Drucker

## 49_ 조직은 비생산적인 관행을 제거해야 한다

"만약 조직이 기회에 힘을 쏟으려고 결정한다면, 조직은 비생산적인 것을 버리고 또 진부한 것에서 탈피할 수 있어야만 한다. 비생산적인 것과 진부한 것을 의도적이고도 체계적으로 폐기하지 못하는 조직은 영원히 기회를 잡을 수 없다."

If an organization wants to be able to work on opportunities, it must be able to abandon the unproductive and to slough off the obsolete. No organization which purposefully and systematically abandons the unproductive and obsolete ever wants for opportunities.

∞

조직은 과거의 과업을, 그 목적이 무엇이든 간에, 제거할 수 있어야만 한다. 그 결과 자신이 가진 에너지와 자원의 유동성을 확보하여, 그것들을 새롭고 보다 생산적인 과업에다 투입할 수 있어야 한다.

## 50_ 혁신 조직의 금기 사항

"혁신 조직이 허용해서는 안 되는 하나의 위험은 목표를 너무 낮게 잡는 위험이다."

One risk an innovative organization cannot afford is the risk of aiming too low.

∞

혁신적인 조직이 해야 할 첫 번째 질문은 "이것은, 만약 우리가 성공을 한다면, 새로운 산업이나 새로운 기술은 아니라 해도, 적어도 새로운 사업이 될 만큼 규모가 충분히 큰가?" 하는 것이다. 그렇지 않다면 우리는 그런 위험을 무릅쓸 필요가 없다.

## 51_ 혁신 조직은 관리 조직과 구분해야 한다

"혁신 조직은, 이미 존재하고 있는 것을 활용하는 책임을 지는 관리 조직과 엄격히 별도로 구분 운영되어야 한다. 관리 조직은 있을 수 있는 손실을 최소화하려고 노력한다. 혁신 조직은 바람직한 결과를 최대화하지 하지 않으면 안 된다."

Innovative organizations must be kept distinct from managerial organizations, which are responsible for exploiting what is already existence. Where managerial organizations one tries to minimize the possible loss. In innovation organizations one has to maximize the possible results.

∞

관리 조직은 수정하고, 확대하고, 개선할 수는 있으나, 진정으로 혁신을 할 수는 없다.
혁신 조직은 명령 조직이 아니라 팀 조직을 필요로 한다. 그리고 혁신 조직은 구성원들 상호관계에 있어 유연성을 필요로 한다. 그러나 거기에는 규율과 권위가 있어야 하며, 결정을 내릴 사람도 필요하다.

## 52_ 조직은 어제를 잊어야 한다

"조직이 당면하고 있는 한가지 문제는 우리가 이미 하고 있는 일을 무작정 열심히 계속 하는 '조직 관성'이다."

The problem of organization is "organization inertia" which always pushes for continuing what we are already doing.

∞

적어도 우리는 우리가 하고 있는 일의 내용은 안다 ─ 혹은 안다고 생각한다. 조직은 항상 어제의 과업에 압도당하고 결국 그 때문에 파멸할 위험에 놓이게 된다.

## 53_ 모든 조직 활동은 궁극적으로 시대에 뒤지게 마련이다

"조직은, 수정도 재설계도 없이 오랫동안 지속되는 프로그램이나 활동은 실질적으로 존재하지 않는다는 것을 인식할 필요가 있다. 궁극적으로 모든 활동은 시대에 뒤지게 마련이다."

Organization need to know that virtually no program or activity will perform for a long time without modification and redesign. Eventually every activity become obsolete.

목표와 관련하여 마찬가지로 중요한 사실은 집중적으로 관심을 기울일 분야의 우선순위를 결정하는 일이다.

결정적인 질문은 "무엇을 꼭 해야 되는가?"가 아니라 "무엇을 먼저 해야 하는가?"이다. 무엇을 꼭 해야 되는가에 대해서는 종종 실질적인 합의가 이루어지지만, 무엇을 먼저 해야 하는가에 대해서는 언제나 의견이 일치하지는 않는다. 정상적인 인간의 행동은, 제안된 모든 활동들을 조금씩 다함으로써, 우선순위의 결정 문제를 회피하는 경향이 있다.

## 54_ 조직이 성과를 산출하는 이유

"어떤 조직이든 조직은 자신의 본래의 기능에 의해 통제되어야 하고, 그리고 자신이 올리는 성과에 따라 측정되어야만 한다."

Whatever organizations they may be, they have to be controlled by function and measured by performance.

∞

한 조직이 성과를 달성할 수 있는 것은 그것이 전문 지식을 소유하고 있기 때문이고, 하나의 한정된 과업에 집중했기 때문이며, 또한 구체적으로 규정될 수 있고 또 제한된 목적에 자원을 투입했기 때문이다.

세계경제와 다국적기업　Peter F. Drucker

## 55_ 세계는 단일 경제가 되고 있다

"한 경제는, 무엇보다도, 수요에 의해서 결정된다. 오늘날 전세계는, 어느 주어진 지역의 경제적 조건이 어떻든 간에, 그리고 정치적 시스템이 어떻든 간에 하나의 공통된 수요곡선, 즉 경제적 가치관과 선호도에 있어 하나의 공통적 체계를 지니고 있다."

An economy is, above all, defined by demand. Today the whole world, whatever its actual economic condition and whatever the political system in force in a given area has one common demand schedule, one common set of economic values and preferences.

∞

달리 말하면, 전세계는 기대, 반응, 그리고 경제적 행동에 있어 단일 경제가 되었다는 것이다. 이것은 인류 역사상 새로운 현상이다.

## 56_ 세계 경제는 기업이 만든 것이다

"세계 경제는 인류가 이룩한 위대한 업적이다―그리고 그것은 정부가 이룩한 것이 아니라 기업의 업적이다."

The world economy is a great achievement—and one of business rather than of governments.

∞

세계 경제는 제2차 세계대전 이후 역사가 기록한 한 긍정적인 업적이다. 그것은 또한 하나의 큰 기회이기도 하다―분열과 전쟁으로 얼룩진 세계에 대해 통합이 중요하다는 관점을 창출하기 위해서도 그렇지만, 경제 성장을 위한 큰 기회이기도 하다.

## 57_ 미국 경제는 정치적 상상력의 산물이었다

"미국에서는 경제적 통합에 앞서서 정치적 통합이 이루어졌다. 처음에 법률에 기초한 경제단위가 먼저 생기고, 그후 오랜 시일이 지나서 경제적 통합이 이루어졌다. 그리고 공통의 상거래지역은 공통의 경제적 인식과 공통의 수요가 있기 수십 년 전부터 존재했다. '미국경제'는 여러 경제적 요소들이 창조한 것이라기보다는 정치적 상상력의 결과였다."

In the United States political unification preceded the unified economy. First came a legal fact and only much later its economic consequences. And the common trading territory came decades before there was a common economic perception and a common demand-schedule. The "American economy," was an act of political imagination rather than the creation of economic forces.

∞

반면, 오늘날의 세계 경제는 정치적 상상력과는 거의 아무런 관련이 없다. 세계가 정치적으로는 분열되고 있음에도 불구하고 세계 경제는 형성되고 있는 중이다. 심지어 상거래 단위가 형성되기 훨씬 이전부터 공통의 수요, 기호, 가치관이 형성되고 있었다. 정말이지 유럽공동시장은 꽤 오래 전부터 현실이었던 경제적 인식과 소비자 행동을 뒤늦게 제도적으로 인정한 것에 지나지 않는다.

## 58_ 다국적 기업의 등장 이유

"제2차 세계대전 이후 시대 다국적기업이 형성된 것은 주로, 자유세계 경제 전체를 하나의 경제로 보고, 그 다음에는 경제 자원이 최대의 결과를 산출하면서, 최고의 이익을 가져다주는 지역을 찾으려 노력하는 의도적인 계획 활동의 산물이다."

The multinational corporation of the period since World War II is largely the result of a deliberate planning effort which sees the economy of the entire free world as one and then tried to find the places where economic resources produce the greatest results and bring the highest returns.

∞

다국적 기업의 연구개발부문은 단지 적임자를 찾아가야 한다는 그 이유만으로도 점점 더 다국적이 되어가고 있다.
차츰 다국적 기업의 존재 근거는 관세장벽으로 인한 수출 불능 상태를 극복하려는 것이 아니라, 현대 기술의 발달, 경제적인 경영활동, 저비용 생산, 그리고 대량유통을 위해 엄청나게 투자되어야 하는 기술 및 경영자원에 적합한 경영규모를 계획하고, 조직하고, 그리고 경영을 해야 하는 필요성을 해결하려는 것이다.

## 59_ 일본의 경제 전략은 미래 지향적이었다

"일본 국내에서 전통적 산업들은 여전히 매우 중요하다. 일본의 정권은 면직물 산업과 석탄산업을 지원하지 않고서는 오래 지탱할 수가 없을 것이다. 그러나 경제정책에 관한 한 일본은 철저히 세계 경제의 성장부문으로부터 미래 방향의 단서를 얻고 있다."

In Japan itself, the old industries are still tremendously important. No Japanese government would last long unless it supported cotton textiles and coal mines at home. But in economic policy, the Japanese have forced themselves to take their cue from the growing edges of the world economy.

∞

일본은, 자국의 생산적 자원은 어제의 일자리를 위해서가 아니라 내일의 제품에 투입되어야 한다는 사실을 분명히 해야 한다는 것을 인식했다. 더 나아가 일본 정부는 내일의 모습이 어떨지를 알려주는 것은 세계경제라는 것도 인식했다. 고로 1950~60년대 동안 일본은 세계경제의 추세를 국내외 경제정책에 체계적으로 활용했다.

일본은 관료적 통제전략을 미래를 위해 활용했는데 비해 비슷한 처지에 있었던 영국은 그것을 주로 과거를 보호하기 위해 사용했다.

## 60_ 경제개발은 위험하다. 그러나 개발 포기는 더 위험하다

"경제개발은 만병통치약이 아니다. 정말이지 경제개발은 매우 위험한 것이다. 경제개발은 성장을 의미하는데, 성장은 결코 질서정연하게 이루어지는 것이 아니다. 개발은 또한 변화를 의미한다. 그리고 사회와 문화의 변화는 기존 사회의 해체를 의미한다."

Economic development is no panacea. Indeed it is very dangerous. It is growth; and growth is never orderly. It is also change. And change in society and culture is dislocation.

∽

한 사회가 도약하여 지속적인 개발 단계에 진입하는 기간이 가장 위험한 시기이다. 경제적인 측면에서는, 이 시기는 개발은 하나의 성공 사례이자 기정사실이 된다. 하지만 국가의 지도자들은 새로운 현실에 적응하기보다는 여전히 전통적 사회의 연장선상에서 행동한다. 이런 시기에는 사회적으로, 또 정치적으로 대재난이 발생할 위험이 크게 도사리고 있다.

다르게 표현하면, 경제 개발은 위험하다. 그러나 개발을 포기하는 것은 비할 바 없이 훨씬 더 위험하다. 개발을 포기하는 것은 심지어 생존할 희망마저 가질 수 없게 한다.

## 61_ 이윤은 위험 부담에서 나온다

"위험이 비용보다 더 중요하다. 효율보다는 시장의 검증이 성패를 결정한다. 따라서 한 산업이 한층 더 '자본주의적' 기업처럼 행동하면 할수록, 그리고 이윤을 적정화하면 할수록, 그 산업은 국민소득과 경제성장에 더 많은 공헌을 할 것이다."

Risk rather than cost becomes crucial. The market test rather than efficiency determines success. The more nearly, therefore, an industry behaves like a "capitalist" business, and optimizes profit, the more will it contribute to national economic growth.

∞

성장경제에 있어서 경제정책의 목표는 국가의 경제가 과거의 것보다 더 큰, 보다 더 높은 위험을 감수할 수 있도록 하는 것이어야만 한다. 따라서 성장경제에 있어 이윤이란 불확실성을 받아들이는 원가이다.

## 62_ 경제이론도 바꾼다

"경제이론이 위기를 맞는 이유는 경제학이 발달하기 때문이다. 우리가 필요로 하는 이론은, 경제정책의 초점이 경제적 자원을 재배치하는 것이 아니라 경제적 자원의 생산능력을 실질적으로 변화시키는 것이라는 명제로부터 출발해야 할 것이다."

It is the advance of economics that is producing the crisis of economic theory. The theory we need will have to start out with the postulate that the theme of economy policy is genuine change in the wealth-producing capacity of the economic resources rather than their rearrangement.

∞

역사적으로, 경제이론은 현재의 여러 자원들의 상황을 고려하여 출발하고는 그것을 미래로 투사(投射)하여 검토하였다. 이것은 미래의 경제구조가 현재의 경제구조와 동일하다는 전제하에 나온 것이다. 이와 같은 투사방법에는 순수한 혁신이 가져올 진정한 변화를 고려할 여지가 없다. 투사방법은, 지식자원을 포함하여, 기존의 모든 자원을 보다 적정하게 배분할 수 있을 뿐이다.

달리 표현하면, 혁신을 자명한 공리로 삼는 것에서부터 경제이론은 출발해야만 할 것이다. 이것은 경제이론의 초점을, 과거 항상 그렇게 생각해왔던 것과는 달리, 원가에서 위험으로 이동시킨다.

## 63_ 착취에 대한 해결책

"착취에 대한 호소를 해결하는 방법은 착취자를 제거하는데 있는 것이 아니라, 경제 성장과 노동 생산성을 높여야 하는 것이다."

The answer to the cry of exploitation is no longer to get rid of the exploiters, but to create economic growth and labor productivity.

∞

착취를 없애는 방법은 우선 마르크스 식으로 착취자를 제거하는 방법이 있다. 그 경우 피를 흘려야 하지만 그렇다고 해서 피착취자가 부유해지지는 않는다. 다른 한 방법은 가난한 사람들의 생산성을 높이는 것이다. 생산성을 높이기 위해서는 위험, 불확실성, 이윤이 필요하다. 그러나 이 방법은 어느 쪽도 피를 흘리지 않아도 된다.

## 64_ 최고 직위에 앉은 사람에게 필요한 능력 : 결정과 명령

"최고 직위에 있는 사람은 최고 직위에 있지 않으면 시험할 수 없는 그런 결정과 명령을 내릴 줄 아는 능력이 있어야 한다."

The top position requires an ability to make decision and to assume command that cannot be tested except in the top job.

∞

우리가 어떤 기술을 훈련한다 해도 그것은 실무에 부딪히게 되면 아무런 쓸모가 없는 경우도 생긴다. 그가 강대국의 최고 수반이든 혹은 보이스카웃의 대장이든 간에, 그가 어떤 문제를 해결하기에 적임자로 선발됐다고 해서 그 문제를 자신의 임기 도중에 해결해야만 하는 최고책임자는 없다.

최고경영자의 직무에 대해 알려져 있는 하나의 사실은 그가 해결해야 할 과제는 그가 그 직위를 인수받았을 때 예상되었던 것과는 언제나 다르다는 것이다.

## 65_ 효율성과 목표달성

"경영 활동에 있어 효율성과 목표달성 사이의 균형 문제는 어떻게 해야 하는가? 효율성과 목표달성이라는 두 가지 개념은 분명히 말하건대, 같은 것이 아니다. 효율성은 노력 그 자체를 중요한 것으로 간주하고, 목표달성은 결과를 중요하게 여긴다."

How about the balance between efficiency and effectiveness in management? The two, it is clear, are not the same. In the efficiency approach, efforts are seen as central; in the effectiveness, results.

∞

효율성 면에서 보면 좋은 경영의 기준은 질서이다. 목표달성 면에서 보면 그것은 생존능력이다. 효율성 방식은 조직의 관리 활동은 바람직한 것이고 또한 조직의 강점이라고 본다. 목표달성 방식에서 보면 관리 활동이란 지원 활동으로써, 즉 쇠락을 방지하는데 필요한 최소한의 필요악으로 인식한다. 효율성 방식은 평범한 사람들마저도 미리 예정된 결과를 거듭 생산할 수 있기를 바란다.
　이 둘은 언제라도 쉽게 양립할 수는 있는 것인가?
　효율성을 강조하는 사람들은, 업무를 제대로 처리하기만 하면 결과는 자동적으로 나타나는 것이고, 그러므로 적절한 처리 과정에서 벗어난 것이면 무엇이든 불신한다. 반면 목표달성 방식은 창조적 에너지가 발산되기를 바란다.

## 66_ 목표달성과 노력의 법칙 : 5 대 95

"어떤 사회 활동이든 간에 전체 결과 가운데 최후 5퍼센트를 달성하기 위해서는 처음 95퍼센트에 속하는 사람들의 노력을 필요로 한다."

Above all, the last 5 per cent of the results in any social activity requires as much effort as the first 95 per cent.

∞

반대로, 어떤 사회 환경이든 간에 결과의 95퍼센트는 상위 5퍼센트에 속하는 사람들의 노력에 의해 이루어진다. 빌프레도 파레토(1848~1923)는 20퍼센트에 속하는 사람들이 사회의 부의 80퍼센트를 차지하고, 80퍼센트에 속하는 사람들의 노력으로는 전체 결과에 기껏 20퍼센트만 기여한다고 지적한다.

## 67_ 지식근로자 모두가 경영자다

"지식 기반 조직에서는 지식 근로자들 모두가 '경영자'이다."

In the knowledge organization every knowledge worker is an "executive".

∞

만일 조직이 사람에 대한 권한을 행사하지 않고도 목적한 바 성과를 달성할 수 있다면, 아마도 우리는 조직이 사람에게 권한을 행사하는 것을 허용하지 않았을 것이다. 사실 모든 경영자는 사람을 고용하지 않고도 조직을 운영할 수 있기를 바랄 것이다. 조직의 경영자에게 있어 사람들이란 성가신 존재이다. 경영자는 사람들을 "통치하는 기구"가 되기를 바라지 않는다.

## 68_ 종업원에게 충성심을 기대해서는 안 된다

"종업원에게 '충성심'을 요구하는 것은 허용될 수 없으며, 정당화 될 수도 없다. 조직과 그 구성원 사이의 관계는 법률상 다른 어떤 계약보다도 협의로 해석되어야만 하는 고용 계약에 근거하고 있다."

To claim "loyalty" from employees is impermissible and illegitimate. The relationship is based on the employment contract which should be interpreted more narrowly than any other contract in law.

∞

그렇다고 해서 조직과 그 구성원 사이에 애정, 감사, 우정, 존경, 신뢰 등이 없어도 좋다고 말하는 것은 아니다. 그런 것들은 가치있는 것들이다. 하지만 그것들은 부수적인 것들이며, 또한 이미 존재하는 것이 아니라 조직활동 과정에 획득되어야 하는 것들이다.

## 69_ 리더는 결과를 예상하고 올바른 길로 이끌어야 한다

"조직은 자신이 끼친 영향들의 결과를 예상할 의무가 있다. 올바른 길이 어딘지를 파악하고 그 길로 일반 대중을 이끌고 가는 것이 리더의 직무이다."

The organization has the duty to anticipate impact. It is leader's job to find the right way and to lead the crowd.

조직이 끼친 영향들 가운데 어느 것이 사회적 문제로 확대될 가능성이 높은지 미리 살펴보고 또 심사숙고하는 것은 조직이 수행해야 하는 과업이다. 그 다음 그런 바람직하지 않은 부산물들을 예방하려고 노력하는 것이 조직의 의무이다.

결과를 예상하는 것은 리더의 과제이다. 리더란, 일반 대중이 길을 잘못 들어갔다고 주장하는 것만으로는 충분하지 않다. 일반 대중을 올바른 길로 이끌고 가는 것이 리더의 직무이다.

## 70_ 리더는 인기 없는 일도 해야 한다

"모든 사람이 따라줘야만 비로소 실현될 수 있는 어떤 일이 있다면, 그것은 강제성을 가진 법으로 제정될 필요가 있다. 요컨대 위험한데다 별 인기도 없는 어떤 일을 구성원 모두가 해야 한다면, 그런 일에 '자발적인 노력'을 기대하는 것은 무리이다."

Whatever can be done only if everybody does it requires law. "Voluntary effort" in which everyone has to do something that on the short run is risky and unpopular has never succeeded.

∞

어떤 집단이든 적어도 몇 명쯤은 우둔하고, 탐욕스럽고, 근시안적인 사람들이 있게 마련이다. 모든 사람의 일은 누구의 일도 아닌 법이어서, 만약 모든 사람에게 "자발적 행동"을 기대한다면 결국 한 사람도 행동하지 않는 결과를 가져오게 된다.

그러므로 문제의 발생이 예상되는 개별 조직은 인기 없는 일이라도 추진할 의무가 있다. 조직 내부의 다른 구성원들의 공개적인 거부에도 불구하고 올바른 정책을 수립해야 한다는 말이다.

## 71_ 리더는 문제를 해결해야 한다

"조직의 최고경영자들이 리더십 지위에 앉게 된 것은 그들이 사회적 문제를 해결할 수 있는 능력을 보유하고 있음을 검증받았기 때문이다. 따라서 사회가 심각한 사회적 문제와 사회적 필요에 부딪혔을 때 그들이 나서서 해결책을 모색해주기를 기대하는 것은 지극히 당연하다."

The executives of organizations owe their leadership position to proven competence in social affairs. Hence it is only natural for society to look to them to think through solutions to serious social problems and social needs.

∞

최고경영자들은, 과거 귀족이었든 혹은 군인이었든 간에 한때 엘리트들이 차지했던 자리에 앉아 있지만, 지금 그들은 고귀한 자(noblesse)는 아니므로 그들에게 고귀한 자의 의무(noblesse oblige)를 들먹일 필요는 없다.

그러나 최고경영자들은 문제해결 능력은 보유하고 있어야 한다. 그것도 검증된 능력을 말이다.

## 72_ 지식근로자와 상사의 관계

"지식근로자도 '상사'를 모시고 있다. 사실, 그는 생산성을 올리기 위해서라도 상사를 필요로 한다. 그렇다고 해도 지식근로자는 '부하'가 아니다."

A knowledge worker has a "boss"—in fact, he needs to have a boss to be productive. But he is not a "subordinate."

∽

지식사회에 있어 상사는 대개 같은 분야의 한 구성원이 아니라, 분야나 전문성과는 관계없이 지식근로자의 업무를 계획하고, 조직하고, 통합하고, 그리고 측정하는 독특한 능력을 갖고 있는 "경영자"이다.

지식근로자는 "육체적 노무자"는 아니고, 분명 "프롤레타리아"도 아니지만, 그는 여전히 하나의 "종업원"이다. 그러나 무엇을 하라고 지시받는 사람을 부하라고 한다면, 그런 점에 있어서 그는 "부하"는 아니다.

지식근로자의 등장은 일의 본질을 바꾸어 놓았다. 현대 사회는, 자신의 지식을 활용할 지식작업(知識作業)을 수행하고 싶은 사람들을 고용해야 하기 때문에, 지식직업(知識職業)을 창출하지 않으면 안 된다.

지식사회와 지식근로자　Peter F. Drucker

## 73_ 사회가 지식사회로 진입한 이유

"어떻게 해서 사회가 지식사회와 지식경제로 이동하게 되었는가? 인기 있는 대답은 '일이 점점 더 복잡해지고 또 고도화되었기 때문이다'라는 것이다. 그러나 올바른 대답은 '인간의 근로수명이 너무도 길어졌기 때문이다'라는 것이다."

How did this shift to knowledge society and knowledge economy come about? The popular answer is: "Because jobs have been getting more complex and more demanding." But the right answer is: "Because the working lifespan of man has increased so greatly."

∽

사회적으로도 경제적으로도 이렇게 큰 변혁을 초래하는데 토대가 된 것은 노동에 대한 수요가 아니라 노동의 공급이다.
1850년 이전에는, 평균 기대수명이 33~35세를 훨씬 넘고, 그래서 평균 근로수명이 20년을 넘는 국가는 없었다. 14세 전후로 일을 시작한다고 가정하면, 지금 미국은 대다수 국민이 근로생활을 50년이나 할 것이다. 이는 한 세기 전보다 2.5배나 더 길고, 한 세대 전과 비교해도 3분의 2나 더 길다.

## 74_ 지식의 이동성

"진정한 '생산요소'인 지식은 거의 무제한적으로 이동성을 갖고 있다. 유럽의 생산성이 증가한 것은 미국회사의 투자 덕분이 아니다. 그것은, 투자가 이루어지면 자본투자를 뒷받침하는 기술 및 경영에 관한 지식이 미국에서 유럽으로 이전된다는 것을 전제로 하기 때문이다."

Knowledge, the true "factor of productivity," enjoys almost unlimited mobility. It is not the investment of American companies in Europe that creates productivity. It is the fact that this investment is predicated on the movement of knowledge from American companies in Europe, both technological and managerial, which underlies the capital investment.

∽

지식은 매우 특이한 경제적 자원이다. 지식이 미국에서 유럽으로 이동되었다면, 그것은 유럽 측에서 보면 순수입이다. 하지만 미국의 지식은 이에 맞춰 감소하지 않는다. 미국은 지식을 전해주고 그에 대한 대가를 받았다. 그러나 미국은 지식을 "수출"하지는 않았다. 이런 식으로 자원의 이동 과정에 당사자 쌍방을 모두 풍요롭게 하는 자원은 지식 말고는 달리 없다. 정말이지 그렇게 함으로써 미국은 지식자원을 더욱 풍성하게 하고 지식의 생산성을 한층 더 높였다. 이런 점은 다른 자원들에게서는 불가능하다.

## 75_ 종신고용은 종말을 맞았다

"급변하는 경제와 사회에서 단 하나의 진정한 직업안정은 전직할 수 있을 만큼 충분히 지식을 갖추는 것뿐이다."

The only real security in an economy and society at flux is to know enough to be able to move.

∞

근로자들에게 직업안정을 제공하는 것은 고용주의 책임이다. 이 말의 근본 원리는 건전한 것이다. 그러나 지식에 기초를 두고 있는 지식경제에서는, 그리고 기술과 경제가 급속히 변하는 지식경제에서는, 직업안정으로서 의미있는 유일한 것은 오직 빠르게 배우는 능력뿐이다.

"종신고용"이란 심지어 일본에서조차 더 이상 바람직한 것이 아니다. 왜냐하면 어떤 개인이 속해 있는 회사나 산업이 비교적 잘 운영되고 있는 경우에는 이 제도는 그 개인을 보호해 주지만, 회사나 산업이 실패하는 경우에는 그가 다른 곳으로 이동하는 것을 실질적으로 어렵게 만들기 때문이다.

## 76_ 지식은 관할 구역을 모른다

"지식에 기반을 둔 대부분의 기술은 수시로 변하며, 그것도 전통적인 한계선과 관할구역에 관계없이 변한다."

Most knowledge-based skills change often and without regard to traditional demarcations and jurisdictions.

∞

지식은 "관할구역을 정하는" 한계선을 모른다. 망치가 목수의 도구이고, 레이저가 물리학자의 도구라는 그 사실 때문에 앞으로도 레이저에 관한 지식을 목수의 작업에 활용해서는 안 된다고 할 수는 없다.

## 77_ 지출의 중심도 지식으로 변하고 있다

"미국경제의 기반은 육체작업에서 지식작업으로, 그리고 사회적 지출의 중심은 눈에 보이는 재화에서 눈에 보이지 않는 지식으로 바뀌었다."

The base of American economy shifted from manual work to knowledge work, and the center of gravity of our social expenditure from visible goods to knowledge.

∞

1860년경 이전에는 심지어 생산량을 측정하는 방법을 아는 사람마저도 없었다. 근로자와 관련하여 "생산성"이라는 용어를 사용하게 된 것도 극히 최근의 일이다.

아직까지는 우리는 지식을 이용하여 경제적 성과를 높이는 방법을 모르고 있는 것이 분명하다. 우리는 또한 지식근로자들을 만족시키고, 그들이 필요로 하는 성과를 달성하도록 하는 방법을 모르고 있다. 우리는 지식근로자들의 사회적 욕구 및 심리적 욕구가 무엇인지 아직은 충분히 파악하지 못하고 있다.

## 78_ 맞벌이 부부의 등장

"선진국들에 있어서 직장을 갖는 주부가 꾸준히 증가하는 것은 1950~60년대의 가장 의미있는 그리고 가장 보편적인 경제 현상 가운데 하나이다."

The steady rise of married women at work in the developed countries is one of the most significant and most universal economic phenomena in 1950s and 1960s.

∞

19세기 선진국에서는 남자가 자신의 아내를 일터로 내보내지 않는 것이 존경과 풍요의 상징이었다. 영국의 근로자는 지금도 자신의 아내가 일을 하는가 라는 질문을 받으면 모욕을 당한 것으로 느낀다. 자존심 강한 근로자는 자신의 아내가 일을 하지 않고 가정에 머무르도록 한다.
그러는 사이, 지식 수준이 높은 사람들의 아내는 다시 일을 하기 시작했다.

## 79_ 인류의 생활수준을 향상시킨 두 가지 요인

"과학적 영농과 과학적 관리는 인류의 생활수준을 향상시킨 진정한 의미의 영웅들이다. 그것들은 근로수명을 연장한 두 가지 주요 요소들이다."

Scientific agriculture and scientific management are the true heroes. They are the two main factors in the extension of working lifespan.

∽

1850년대 아일랜드인이든 혹은 중국인이든 간에, 곡괭이와 삽을 들고 미국의 대륙간 철도를 건설했던 "철도 인부들"은 대략 5년이 지나면 사고, 술, 매독, 혹은 가혹한 노역에 못 이겨 불구자가 되었다. 1900년까지만 해도 뉴욕, 런던의 동부 지구, 파리, 혹은 비엔나의 다락방 봉제공장에서 일했던 여자재봉사들은 그다지 오래 일을 하지 못 했다. 10년 이내에 그들 대부분은 봉제업의 두 직업병인 시력 악화와 결핵에 감염되곤 했다.

유아 사망률의 하락과 공공보건의 증진은 인간의 기대수명을 증가시킨 것은 틀림없다. 그러나 근로수명은 크게 증가시키지 못했다. 그렇게 하려면, 첫째, 진정으로 생산적인 소수의 농부들이 대규모 인구를 먹여 살리기 위한 식량 문제를 해결해야 하고, 둘째, 공업 현장의 3D 업무를 제거하는 것이 필요했다.

## 80_ 경력 기회의 확대

"지식근로자에게는 직업이 '생계'를 해결하는 것만으로는 더 이상 충분하지가 않다. 그것은 '경력 기회'를 제공해야 한다."

To knowledge workers, a job that gives a "living" is no longer enough. It must offer a "career".

∞

지식근로자는 우선 육체노동자가 갖는 것과는 다른 종류의 직업을, 즉 대졸자에게 적합한 직업을 갖기를 기대한다. 그것은 우선 고임금 직업이다. 그러나 그런 직업은 또한 보다 많은 기회를 가진 직업이다. 장기간의 학업을 마친 사람에게는 지식작업 이외에는 다른 어떤 것도 적합하지 않다. 그가 뭔가 조금이라도 배운 것이 있다면, 그것은 개념, 시스템, 아이디어이다. 그것은 경험이 아니다.

## 81_ 지식근로자의 동기부여

"지식작업의 동기부여는 지식근로자들 자신들로부터 우러나와야만 한다. 전통적인 '동기요인들', 즉 외부적 보상들—예컨대 임금—은 지식근로자에게 동기를 부여하지 못한다."

Motivation for knowledge work must come from within the worker himself. The traditional "motivators," that is, external rewards—pays, for instance—do not motivation him.

∽

임금과 같은 외부적 보상에 대한 불만족은 사기를 떨어뜨린다. 반면 그런 것에 대한 만족은 그냥 당연히 존재해야 하는 것으로 간주된다. 달리 말하면, 외부적 보상과 같은 동기요인들이 없으면 성과 향상을 가로막지만, 그런 요인이 있다 해도 성과는 오르거나 내리지 않고 중립 상태에 머무르게 된다.

우리는 아직은 지식근로자가 조직에 기여하고 또 능력을 발휘하도록 관리하는 방법을 알지 못한다. 그러나 지식근로자들은 육체노동자들을 관리하는 방법과는 매우 다른 방법으로 관리되어야 한다는 것만은 알고 있다.

## 82_ 성취욕구

"지식근로자들에게 적극적으로 고취시킬 필요가 있는 부분은 성취욕구이다. 그는 도전이 필요하다. 그는 자신이 조직에 기여하고 있다는 사실을 스스로 인식할 필요가 있다."

What the knowledge worker needs to be positively motivated is achievement. He needs a challenge. He needs to know that he contributes.

∞

이는 지금까지 우리가 육체작업에 대한 "올바른 관리"라고 생각했던 것과는 완전히 반대의 개념이다. 우리들이 지금까지 경험했던 것의 핵심은 "정당한 하루의 노동에 대한 정당한 하루의 임금"이라는 구호로 요약된다. 육체노동자들에게 있어 직업이란 무엇보다도 "생계수단"이었다. 그러나 지식근로자들은 "예외적인 하루의 작업"을 기대할 수 있어야만 한다. 그런 다음 그들은 "예외적 임금"을 벌어들일 기회를 가져야만 한다.

## 83_ 누가 지식근로자에게 명령을 내리는가?

"지식근로자들은 자신들에 대한 명령은 상사로부터가 아니라 지식으로부터, 달리 말하면, 사람에 의해서가 아니라 목표에 의해 결정되기를 바란다."

Knowledge workers require that the demands be made on them by knowledge rather than by bosses, that is, by objectives rather than by people.

∞

지식근로자는 권위적인 조직 대신 성과중심 조직에서 일하기를 바란다. 지식의 유용성은 과업 그 자체가 결정하는 것이지, 그것을 수행하는 사람의 이름, 연령, 그것에 필요한 예산, 혹은 그 사람의 계급이 결정하는 것은 아니다. 눈병 치료에는 안과의사가, 담낭 제거수술에는 복부 외과의사가 적합한 것이나 마찬가지다.

두 명의 평범한 지식근로자들은 일급의 지식근로자 한 명이 생산하는 것의 두 배를 생산하지는 못한다. 그들 두 사람은 한 명의 평범한 지식근로자만큼도 생산하지 못한다. 그들은 서로서로 방해물이 되고 있는 것이다. 19세기에는 경영자의 과업이 육체노동의 생산성을 높이는 일이었다면, 20세기에는 경영자의 과업은 지식작업의 생산성을 높이는 것이다.

## 84_ 근로수명이 길어진 시대의 문제점

"교육 받은 중산계층의 대부분의 사람들은 중세시대에 '무기력 증'이라 불렸던 정신질환의 현대판에 걸리기가 너무도 쉽다. 자신이 성인(聖人)이 될 수도 없고, 그렇다고 대수도원장이 될 수도 없다는 사실을 30세 전후에 깨달은 성직자가 앓은 대표적인 질병인 정서장애와 아급성(亞急性) 절망감에 빠지기 쉽다는 말이다."

The great many members of the educated middle class are only too susceptible to a modern version of the affliction known to the Middle Ages as accidie: the emotional malaise and subacute despair that was the typical disease of the clerc who realized, around age thirty or so, that he would be neither saint nor abbot.

∞

지식근로자는 쉽사리 조기은퇴를 할 수가 없다. 만약 그가 조기은퇴를 하면, 그는 곧 타락해 버리고 말 것이다. 지식작업은, 육체작업과는 다른 일종의 습관성 작업인 것이 분명하다. 20여년 정도 지식작업에 종사해온 사람들은 그 일을 중단할 수가 없다. 그러나 그들 대부분은 더 이상 그런 일을 계속할 수도 없다. 왜냐하면 그들 내부에 더 이상 내적 자원을 갖고 있지 않기 때문이다. 평생 학습이 필요한 것은 그 때문이다.

## 85_ 지식근로자의 사회공헌 욕구

"일반적으로 연륜이 쌓인 지식근로자가 공통으로 갖고 있는 관심사 중 하나가 사회에 기여하고자 하는 욕구이다."

One thing old knowledge worker usually has is a desire to contribute.

∽

50대가 되면 자식들도 다 성장했고, 주택융자금 역시 모두 상환했다. 20여 년 간이나 해온 그 일을, 그래서 너무도 잘 알고 있기 때문에, 의욕도 긴장감도 느낄 수 없는 그 일을 더 이상은 진심으로 관심을 두지 않게 된 고위 경영자는, 다른 지식근로자들 대부분이 그렇게 생각하듯, 이제는 자신이 가진 것을 "주고 싶어 할 때"가 된 것이다. 자신의 경험을 사회에 되돌려 주는 것 말이다.

## 86_ 우수한 자는 스스로 집착한다

"권력이나 지위라는 점에서, 혹은 자신이 선택한 분야에서 탁월성과 리더십이라는 점에서 정상에 오른 몇몇 사람들은 자신들의 내면적 열정을 유지하며 자신들이 하는 일에 스스로 완벽히 전념하는 경향이 있다."

The few who reach the top, either in terms of power and position or in terms of eminence and leadership in their chosen discipline, preserve their zest and tend to immerse themselves completely in their work.

∽

어떤 분야에서는 유능한 것과 뛰어난 것 사이의 차이가 엄청나다. 그것이 바로 평범한 장인(匠人)과 뛰어난 명장(明匠)의 차이이다. 하지만 이런 차이는 지식작업에 있어서는 유난히 두드러진다.

이것은 모든 지식근로자가 명장이 되어야 한다는 것이 아니라, 지식근로자는 어떤 것을 성취하려면 그것을 최고로 잘하려고 노력해야 한다는 것을 의미한다.

## 87_ 지식근로자의 개인차는 매우 크다

"사람들은 해가 가면 모두 똑같이 늙는 것은 아니다."

People do not age chronologically.

∞

어떤 사람은 65세가 되어도 35세의 젊은이들보다도 더 혈기왕성하다. 사람들은 같은 방식으로 늙지 않는다. 몇 년 동안 일을 잘 해오다가 더 이상은 정력적으로 일할 수 없게 된 사람도 판단력은 흐려지지 않을 수 있다. 오히려 20년 전보다도 더 우수한 의사결정자가 되는 경우도 있다. 그리고 컨설턴트는, 특히 지식이 있으면서도 겸손한 컨설턴트는, 나이가 충분히 들어 세상일에 초연해질 때에 비로소 최고의 역량을 발휘하기도 한다.

## 88_ 지식근로자는 끊임없이 변신해야 한다

"대부분의 지식근로자들에게 있어 65세의 나이란, 간단히 말해 첫 번째 직업에서 물러나기에는 너무 늦은 나이이다."

Sixty-five is simply much too late a retirement age from the first occupation for the great majority of knowledge worker.

∽

사실 그들은 그보다 20년 전부터 실질적으로 업무에서 은퇴해 있는 상태이다. 그들은 단지 연금이나 타려고 세월만 보내고 있다. 또한 윗사람과 아랫사람 둘 다에게 걸림돌이 되고 좌절감을 맛보게 한다. 결국에는 그들 자신도 좌절하고 만다.

## 89_ 지식근로자는 도전의욕이 필요하다

"조직은, 너무도 피로가 쌓여서 더 이상 조직에 기여할 수 없게 된 사람들을 내보내야 한다. 자신의 업무에서 더 이상 도전의욕을 느끼지 못하는 사람은 '성장을 중단한' 사람이다."

The institution needs relief from people too tired to make their contribution. A man who is no longer challenged by his job has "stopped growing".

∽

개인은 인간으로서 역할을 마감하는 특정한 날을 사전에 정해둘 것이 아니라, 계속 생산성을 올릴 기회가 필요하다. 그러므로 우리는 제2의 경력을 모색하기 위해 전반적인 기회를 창출할 필요가 있다―그리고 특히 젊은이들은 정년이 따로 없는 직업, 즉 목사나 개인병원의 의사와 같이 하위계층에 억눌려 있지 않아도 되는 직업을 창출하는 것이 필요하다. 그런 기회를 잡을 때에만 우리는 저 엄청난 성취, 즉 현대인의 근로수명 연장 현상을 진정으로 활용할 수 있을 것이다.

같은 일만 해온 나이 많은 지식근로자들은 지금까지 해오던 분야에서는 정말이지 "성장을 중단"했다. 그러나 그가 처음에는 유능한 사람이었다면―물론 그가 질환을 앓고 있지 않다는 전제하에―그는 지금 아마도 다른 분야에서는 정말 "성장할" 준비가 되어 있는지도 모른다.

## 90_ 미숙련 노동자의 고용은 공학적으로 뒤처졌기 때문

"대량생산 공장에서 미숙련 노동자를 채용한다는 것은 그 공장이 공학적으로 미숙하다는 것을 암시하는 것이 될 것이다."

The unskilled mass-production worker will be seen as an engineering imperfection.

미숙련 노동자가 일자리를 갖게 되는 것은 오직 한 가지 이유뿐이다. 그것은 기업이 그 사람이 하는 작업을 기계가 하도록 "프로그램"을 짜는 수고를 하지 않았기 때문이다.

일단 사람이 기계적 작업을 실제로 이해하기만 하면, 기계는 어떤 작업도 할 수 있다. 단 하나 고려해야 할 점은 첨단 기계를 사용하는 것이, 예컨대 로봇을 사용하는 것이 경제적인가 아닌가 하는 것이다.

## 91_ 노동은 고통이다

"노동에 관한 전통적인 관점은 곧 구약성서에 나타나 있는 직업관으로서, 그것은 인간에게 주어진 축복이나 기회라기보다는 하나의 저주로써 인간을 얽매어 놓는 것이다."

The traditional view of work was that of the Old Testament, which presents it as a curse laid on man, rather than as a blessing or an opportunity.

∞

한편으로 산업생산성이 증대하여 실업자들까지도 최저생계 수준 이상으로 살 수 있게 되었고 다른 한편으로, 산업 위기로 정리해고를 하게 됨에 따라, 직업이 인간에게 심리적으로나 사회적으로나 필수적 요소이고 하루의 일용할 양식을 벌기 위한 수단만이 아니라는 사실을 우리는 인식하게 되었다.

이런 이유로, 지식근로자들은 높은 성과를 올리도록 자극을 받아야 한다는 것이 중요하다. 달리 말하면, 지식근로자들이 성취하고 도전하도록 관리하는 것은 사회와 경제에 중요한 것만큼이나 지식근로자들 자신들에게도 필수적인 일이다.

## 92_ 정신연령과 육체연령

"청년들은 두 가지의 연령 단계를 동시에 산다. 하나는 '문화적 연령'이고, 다른 하나는 연대기적 '실제 연령'인데, 전자가 후자보다 더 낮다. 문화적 연령은 대체로 개인의 행동과 개인의 정서적 성숙도를 결정한다."

The adolescent lives simultaneously on two age levels; his "culture age" is lower than his chronological age. Cultural age, in large measure, determines what behavior is expected of the individual and what emotional maturity he attains.

∞

인간의 기대수명과 평균수명이 늘어날수록, 인간은 문화적으로는 보다 더 젊어진다. 65세에도 여전히 좋은 건강을 유지할 것으로 기대되는 오늘날 25세의 젊은이는, 35세를 넘어서까지 살 것이라고 기대할 수 없었던 100년 전 15세의 젊은이보다 문화적으로 더 젊다.
그 결과 오늘날 25세의 젊은이는 100년 전 15세의 젊은이보다 더 젊게 보이고, 그리고 정서적으로는 덜 성숙하게 보이는 것 같다.

## 93_ 평생학습 사회

"지식사회에서는 학교와 생활이 더 이상 분리될 수가 없다."

In the knowledge society, school and life can do no longer be separate.

∞

학교와 생활, 이 둘은 하나의 산출이 다른 하나의 투입이 되는, 달리 말해 피드백 작용을 하는 유기적 과정에 서로 연결되지 않으면 안 된다. 평생교육은 바로 이것을 하려는 시도이다.

## 94_ 학교 성적이 사회의 성공을 보장하지 않는다

"학교에서 공부를 잘하는 능력과 인생과 직업에서 성과를 올리는 능력 사이에는 (아마도 순수한 학문적인 연구는 제외하고) 상관관계가 그다지 크지 않다."

There is not much correlation between ability to do well in school and ability to perform in life and work (except perhaps in purely academic work).

∞

학교 졸업장은 장기간 학교에 다녔다는 것 이상으로 더 큰 다른 무엇을 증명하진 않는다. 인간은 각자 너무나 다르게 성숙하기 때문에 졸업장으로써 한 젊은이의 "잠재력"과 미래의 성과와 능력을 평가하는 최종적인 기준으로 삼을 수 없다.

## 95_ 학교는 변해야 한다

"학교처럼 급격하게 팽창하는 기관들은 그 구조는 물론이고 그 기반을 넘어 지나치게 성장하는 경향이 있다. 양적 변화가 질적 변화를 초래하는 전환점이 있다."

Institutions that undergo as rapid as expansion as have the schools tend to outgrow their base as well as their structure. There is a point where quantitative change alters quality.

∽

우리는 양적 변화가 질적 변화를 초래하는 전환점이 어디인지는 정확하게 알지는 못하지만, 학교는 그 지점을 훨씬 지난 것 같다. 그런 성장은 기존의 어떤 구조, 철학, 시스템을 바꾸고 또 뒤엎어 버린다.

교육자들 중 근본적인 변화를 추진해야 할 많은 이유를 인식하는 사람은 거의 없다. 하지만 교육은 앞으로 수십 년 내에 외부의 거대한 힘에 의해 변혁을 겪을 가능성이 매우 크다.

오늘날 교육에는 너무나 많은 사람을 쓰고 있다. 교육자의 수를 대폭 감축하고도 교육을 할 수 있어야 한다. 우리는 교사의 생산성을 한층 더 높여야 하고, 그들의 기술, 지식, 헌신, 그리고 노력으로부터 훨씬 더 많은 수확을 거두지 않으면 안 된다.

## 96_ 교사의 역할

"배우는 일은 오직 배우는 자만이 가능하다. 그것은 '가르치는 교사'에 의해서 달성될 수는 없다. 교사는 배우는 일에 있어 다만 협조자이거나 아니면 반대로 저해요인이 될 수밖에 없다."

Learning can only be done by the learner. It cannot be done by the "teacher". The teacher can only be a help or an impediment to learning.

∞

자기가 가르치고 있는 학생들 가운데 장차 누가 피아니스트가 될 것인지를 아는 교사는 없다. 하지만 모든 피아노 교사는, 거의 즉각적으로, 어느 학생이 심지어 초보 단계에도 이르지 못하고 기껏 2, 3년 내에 낙오자가 되어, 어머니가 결국 실망하고는 포기하게 될 것인지를 안다.

교사의 역할은 학생이 악보를 제대로 치는지 그리고 손가락 연습을 제대로 하는지, 즉 제대로 습득하는지를 감독하는 것이다. 배우는 과정에서 외부의 재촉이나 감독을 받을 필요가 있는 학생은 제대로 배우지 못할 것이다. 외부의 감독은 내부적 반발심과 스트레스를 유발하기 때문에 배우는 일을 불가능하게 만든다.

## 97_ 자유와 결정으로부터의 도피

"에리히 프롬의 첫 번째 저서 〈자유로부터의 도피〉(1940)는 제2차 세계대전 발발 직전, 제1차 세계대전 직후 전체주의가 젊은이들—좌우파를 불문하고—에게 인기를 끈 이유를 설명하기 위해 쓴 것이다. 젊은이의 소외현상을 설명하기 위해 오늘날 비슷한 책을 쓴다면, 그 책의 제목은 〈결정으로부터의 도피〉가 되어야 할지도 모르겠다."

Erich Fromm's first book, Escape from Freedom (1940), was written just before World War II to explain the attraction of totalitarianism—of the Right or of the Left—for the young after World War I. A similar book today, trying to explain the alienation of the young, might well be entitled Escape from Decision.

∞

그 무엇보다도 요즘 젊은이들이 놀라고 또 거부하는 것은 조직사회가 안겨주는 결정을 내리는 일의 괴로움이다.

갑자기 많은 직업들 가운데 하나를 선택하지 않으면 안 되는 시대가 되었다. 얼마 전만 해도 대다수 사람들은 태어나면서부터 사농공상 등 자신들이 선택해야 할 직업이 사전에 정해져 있었다. 그러다 갑자기 자신의 삶의 방향과 목표에 대해 스스로 결정을 내려야만 하게 되었다. 갑자기 우리는 새로운 경제정책들을 선택해야만 하게 되었다. 결정은 쉬운 것이 아니다. 도피하고 싶은 그 무엇이다.

## 98_ 지식사회의 젊은이는 스스로 결정하고 또 책임을 진다

"주변에 수많은 선택거리가 등장하게 되자, 젊은이들이 진정 해야 할 질문은 '내가 할 일이 뭔가?'가 아니라 '내 스스로 결정해서 할 일이 뭔가?' 하는 것이 되고 있다."

"What shall I do with myself?" rather than "What shall I do?" is really being asked of the young by the multitude of choices around them.

∽

조직사회는 개인들로 하여금 스스로 다음과 같이 질문할 것을 강요한다. "나는 누구인가?" "나는 무엇이 되고자 하는가?" "나의 인생을 어디에 투자해야 하는가, 그리고 그 결과 무엇을 얻고자 하는가?"

조직사회는 개인에게 자신이 갈 길을 스스로 선택하게 하므로, 결국 조직사회는 개인에게 의사결정의 부담을 안겨주고 있는 것이다. 그것은 개인에게 자유를 누리는 데 대한 값을 치르게 하는데, 그 값이 바로 책임이다.

## 99_ 현대 조직은 개인에게 자유와 기회를 제공한다

"현대 조직은 좁고도 숨막히는 제한적인 환경, 즉 부족, 마을, 그리고 소도시로부터 개인이 빠져나오도록 해준다. 현대 조직은 교육받은 개인이 지식을 작업에 적용하고 그로 인해 보수를 받도록 하는 기회를 창출한다."

Modern organization frees the individual to move out of the narrow and tightly restricted environment of tribe, village, and small town. It is the modern organization that is creating the opportunities for educated people to use knowledge to work and to get paid for it.

∞

하지만 이런 혜택을 준다는 것은 개인에게 의사결정을 내려야 하는 무거운 짐도 동시에 안겨주는 것이다. 그런 혜택은, 자신이 누구인지 그리고 무엇이 되고자 하는지에 대해서 개인이 스스로 책임을 지도록 한다.

## 100_ 학생들이 해야 할 첫 번째 질문

"오늘날 학생들이 해야 할 첫 번째 질문은 '내가 사회에 진 빚이 무엇인가?' 이지 '사회가 나에게 진 빚은 무엇인가?' 가 아니다."

The first question for today's students to ask is "What do I owe society?" not "What does society owe me?"

∞

오늘날의 학생들은—어느 누구보다도 좌파 학생들은—오직 다음과 같이 묻는 경향이 있다. "사회가 나에게 진 빚은 무엇인가?" 그 질문 자체에는 잘못은 없다. 정말이지 그런 질문은 필요하다. 다만 그 질문을 먼저 해서는 안 된다. 그것은 두 번째로 해야 할 질문이다.

만약 특권, 권력, 그리고 기회를 가진 자가 그 지위를 다른 사람들—부모, 납세자, 그리고 다른 많은 사람—덕분에 누리고 있다면 특히 더 그렇다.

## 기업가 Peter F. Drucker

## 101_ 성취욕구, 그것은 정부가 제공할 수는 없다

"정부가 제공할 수 없는 것이 하나 있다. 그것은 개인의 성취감이다. 그런데 문제는 성취감이 경제개발에 필수적 요소라는 점이다. 오늘날 세계가 필요로 하는 것은 일차적으로 부(富)가 아니다. 그것은 비전이다."

There is one thing government cannot provide: the individual's sense of achievement. Yet this is the essential element of development. What is needed in this world today is not primarily wealth. It is vision.

∞

비전이란 우리가 사는 사회에 문제, 타성, 절망만이 존재하는 것이 아니라, 기회와 에너지가 있고, 그리고 목적을 발견할 수 있다는 사실을 개인으로 하여금 확신하도록 하는 것을 말한다.
미국의 여러 흑인 게토를 절망의 구렁텅이와 증오의 늪으로 빠져들게 한 것은 그곳에 만연해 있는, 빠져나올 수 없는 침체된 분위기와 무력감 때문이다. 따라서 경제개발의 성공 여부는 개개인과 지역사회의 역동성에 달려 있다고 할 수 있다. 그런 역동성을 제공하려면, 지역의 주민들이 책임감을 갖고 주도권을 행사하게 하고 또 그곳에 사는 주민들의 활력을 증폭시키는데 성공해야만 한다. 정부는 그런 역동성을 고취시킬 수 있다―그리고 반대로 억제할 수도 있다. 그러나 성취욕구 그 자체를 제공할 수는 없다.

## 102_ 저개발 사회에서도 기업가정신이 등장하고 있다

"오늘날 저개발국가에서 일어나고 있는 가장 고무적인 사태발전은, 자신들이 살고 있는 지역사회의 발전을 주도하고 또 책임을 지는 소수의 사람들이, 국가 전역에 걸쳐 등장하고 있다는 사실이다. 그들이야말로 기업가(企業家)라고 분류되는 유형의 대표이다."

The most encouraging development in the poor nations today is the emergence, all over, of small clusters of men who are taking initiative and responsibility for the development of their own community. They are the men as called "entrepreneurs".

∞

비록 그런 사람들 대부분이 기업계 출신들이지만, 그들은 자신들의 활동을 기업분야에만 국한시키지 않는다. 그들은 또한 지역사회의 병원, 대학, 주택, 공중보건, 그리고 지방자치단체에 관해서도 책임을 지고 있다.

## 103_ 헨리 포드

"헨리 포드는 진정한 혁신가였다. 그가 공헌한 것은 대량생산 개념, 대량시장 개념, 그리고 매우 값싼 제품도 수익성을 올릴 수 있다는 개념 등을 창출한 것이다."

Henry Ford was true innovator. What he contributed were the concepts of mass production, the mass market, the profitability of the very cheap, and so on.

∞

헨리 포드가 혁신한 것이라고는 아무 것도 없다는 말을 종종 듣는데, 사실 그것은 꽤나 타당한 말이다. 정말이지 포드의 이름을 딴 기계, 도구, 신제품, 그리고 프로세스 가운데 그가 발명한 것은 아무 것도 없으며, 특허를 신청할 수도 없었다.

포드가 사용했던 모든 것은 기존의 것들이었다. 포드가 자신의 이름을 딴 자동차를 처음 출하하기 전부터 시장에는 이미 다른 많은 자동차들이 팔리고 있었다. 그가 공헌한 것은 대량생산, 대량시장, 저가격 고수익 개념 등이었다.

일반적으로 새로운 개념은 "신제품"이나 심지어 "새로운 아이디어"보다도, 경제적으로, 사회적으로, 그리고 문화적으로 더 큰 영향력을 발휘한다.

## 104_ 지금은 또 다시 수준 높은 기업가정신이 필요한 때

"오늘날 우리는 기업가정신을 강조하는 시대로 다시 진입하고 있다. 그러나 그것은 1백 년 전의 것과 같은 기업가정신, 즉 한 사람이 혼자서 스스로 운영하고, 통제하고, 또 모든 것을 해결할 수 있는 어떤 사업체를 조직하는 능력은 아닐 것이다. 그것은 오히려 새로운 것을 하기 위한 조직을 창출하고 또 지휘하는 능력일 것이다."

Now we are entering again an era in which emphasis will be on entrepreneurship. However, it will not be the entrepreneurship of a century ago, that is, the ability of a single man to organize a business he himself could run, control, embrace. It will rather be the ability to create and direct an organization for the new.

∞

지난 50년 동안의 경영적 토대 위에 새로운 기업가정신을 구축할 수 있는 사람들이 필요하다. 우리가 종종 보았듯이, 역사는 나선형으로 진행한다. 한 시대가 그 전 시대로 혹은 그 전의 문제로 되돌아가곤 하지만 그때마다 수준은 더 높아지고, 그러면서 코르크 마개뽑이 같은 경로를 따라 올라간다. 지금은 한 단계 높은 수준의 기업가정신으로 따라 올라가고 있는 중이다.

## 105_ 혁신 아이디어는 개구리 알처럼 폐사율이 높다

" '빛나는 아이디어들'의 실패율은 개구리 알의 폐사율만큼이나 높다. 아이디어들은 자연의 한 부분이고, 자연은 쓸모없는 것들이 마구 넘쳐나는 곳이다. 연못마다 개구리 알이 넘쳐나듯이 아이디어도 부족한 법이 없다. 하나의 생존 가능한 최종 결과를 얻으려면 천 개의 아이디어들을 품어야 한다. 천 개의 아이디어들 가운데 어느 것이 살아남아서 성숙하게 될는지는 아무도 미리 알 수가 없다."

The mortality of "bright ideas" is as great as the mortality of frogs' eggs; ideas are a part of nature, and nature is prodigal. But then there is never a shortage of ideas, just as there is no shortage of frogs' eggs in the pond. One has to have a thousand to hatch one viable end result. One does not know in advance which one of the thousand will survive and grow to maturity.

∞

진정으로 새로운 아이디어는 현실적이고도 진지한, 그리고 철저하게 심사숙고한 세련된 제안서 형식으로부터 출발한 적이 아예 없다. 그것은 언제나 암중모색으로, 점을 치듯이, 탐색한 결과였다. "빛나는 아이디어들" 가운데 열에 아홉은 분명 말잔치에 지나지 않는 것으로 드러난다. 남은 것들로부터도 대다수는 또한 아무런 결과도 얻지 못한다.

## 106_ 이익추구와 손실부담은 기업의 고유한 기능이다

"기업은 이익을 올릴 수 있다는 바로 그 이유 때문에, 손실의 위험도 감수하지 않으면 안 된다."

Precisely because business can make a profit, it must run the risk of loss.

∞

이런 위험 역시 정부와는 달리 기업만이 갖는 장점으로 취급된다. 모든 기관들 가운데 오직 기업만이 성과로써 테스트 받는다. 수익성이라는 것이 기업행동 기준이나 성과측정 기준으로써 아무리 부적절하다 해도 그것은 적어도 모두가 확인할 수 있는 테스트이다.

## 107_ 사기업의 존재 이유

"'사적 기업'의 존재 이유에 대한 가장 강력한 근거는 이익추구 기능이 아니다. 그것은 바로 손실감수 기능이다."

The strongest argument for "private enterprise" is not the function of profit. The strongest argument is the function of loss.

∞

기업이 큰 돈을 버는 것을 허용해서는 안 된다는 주장은 인기 있는 주장이다. 그러나 자본가의 진정한 역할은 그가 돈을 쓸 수 있다는 데에 있다. 그의 역할은 위험을 추구하고 그 결과 손실을 감수하는 것이다.

그 때문에 기업은 지상에 존재하는 기관들 가운데 변화에 가장 잘 적응하는, 또한 가장 유연한 기관인 것이다. 기업은, 비록 한계가 있긴 하지만, 분명한 성과 검증기준을 가진 기관이다. 기업은 평가척도를 가진 기관이다. 여러 평가척도 중 하나가 곧 이익이다.

## 108_ 기업은 기존의 활동을 중단할 수 있다

"기업은 정부로서는 약점인 두 가지 장점을 갖고 있다. 기업은 그 동안 해오던 활동을 중단할 수 있다. 더욱 중요한 것은, 기업은 모든 기관들 가운데 그것이 사라진다 해도 사회가 거들떠보지도 않을 유일한 기관이다."

Business has two advantages where government has major weaknesses. Business can abandon an activity. What is more, of all our institutions, business is the only one that society will let disappear.

∞

정말이지, 기업은 필요에 따라 그동안 해오던 활동을 중단해야만 하는 경우가 발생한다. 그리고 기업이 자본 조달을 시장에 의존하면 더더욱 그렇다. 기업인이 스스로 아무리 돈이 많다고 생각하든 간에, 그리고 심지어 천하의 고집쟁이 기업가라 하더라도, 시장의 테스트에 대해 더 이상 왈가왈부할 수 없는 시점이 있는 법이다.

심지어 헨리 포드마저 모델 T가 더 이상 시장에서 팔리지 않게 되자 그것을 포기해야만 했다. 그의 손자는 에드셀 모델을 폐기처분해야만 했다. 어떤 기업이 사라진다고 해도 그 기업의 종업원과 가족 이외에는 슬퍼할 사람도 없다.

## 109_ 혁신가의 자세

"고위 경영자의 혁신적인 자세는 부하의 말을 경청하고, 아이디어의 제안을 장려하고, 그리고 설익은 추측 사항들을 이해하려 하고, 얼른 떠오르는 생각을 비전으로 바꾸고, 흥분하여 들떠 있는 것을 결과로 연결시키는 노력을 기꺼이 하려는 의도를 보여주는 것이다."

The innovative attitude requires willingness in the part of the people at the top to listen, to encourage, and to go to work themselves at converting crude guesses into understanding, the first glimpse into vision, and excitement into results.

∞

혁신가의 자세란, 많은 사람들이 믿고 있는 것과는 달리, "창의력"이 아니다. 그것은 "무질서한 것"도 아니다. 혁신적인 자세라는 것은 고도로 조직적이고, 규율이 잡혀 있으며, 그리고 체계적인 프로세스이다.

자신의 임무를 '판단'이라고 믿는 최고경영자는 어쩔 수 없이 새로운 아이디어를 거부할 것이다. 새로운 것은 언제나 "실현성이 없는 것"으로 보이게 마련이다.

뭔가 새로운 것을 만들기 위해 설익은 아이디어라도 의도적인 행동으로 전환하려고 노력하는 것이 자신의 중요한 역할이라고 인식하는 최고경영자야말로 자신의 조직—회사, 대학, 연구소, 혹은 병원—의 진정한 혁신과 자기 개조를 이뤄낼 수 있을 것이다.

## 110_ 사업가의 실패 원인

"사업가가 실패했다면 그 이유는, 그들이 옳은 방향을 가기보다는 문제해결 능력만을 높이려 했기 때문이다."

The reason why businessman failed is, they preferred to be clever rather than right.

∞

사업가는 혁신적 조직을 만들고 또 관리하는 방법을 배워야만 할 것이다. 그들은, 새로운 것을 예상할 능력이 있고, 그 비전을 기술과 제품과 프로세스로 전환할 능력이 있고, 그리고 새로운 것을 받아들일 자세와 우수한 인간 집단을 만들고 또 관리하는 방법을 배워야만 할 것이다.

사업가는 옳은 일(right things)을 올바른 방법(rightly)으로 수행하는 방법을 배워야 한다는 말이다.

## 111_ 마케팅의 기능

"경제 수준이 진보한다는 것은 오래된 욕구와 필요사항들을 보다 크게 충족시키는 것을 의미하는 것이 아니다. 그것은 새로운 선택이다. 그것은 기대와 욕망의 수준을 넓히는 것이다. 그러므로, 기술 변화를 경제적으로 생산성 있게 만들고, 그 결과 인간의 필요사항들과 욕구들을 충족시켜주는 것은 주로 마케팅이 담당하는 기능이다."

Economic advance is not greater satisfaction of old needs and wants. It is new choice. It is the widening of the horizon of expectations and aspirations. This is largely a function of marketing which, therefore, is needed to make technological change economically productive, that is, result in satisfaction of human needs and wants.

∞

진정한 의미의 마케팅 관점에서 보면, 고객에게 조금이라도 중요한 제품이나 회사는 없는 것이나 마찬가지이고, 정말이지 심지어 고객이 거들떠 볼 것조차 없다. 고객은 오직 자신이 추구하는, 필요로 하는, 그리고 기대하는 만족만을 추구한다는 것은 자명한 이치이다.

고객이 묻는 것은 언제나 "이 제품이 혹은 이 회사가 미래에 나에게 무슨 소용이 있나?" 하는 것이다. 이는 기존의 제품이나 회사는 언제든지 사라져도 괜찮다는 의미다.

## 112_ 비합리적 소비자

"가격의 인상이 수요의 증가로 귀결되는 것은 경제이론상 불가능하다. 하지만 이런 일은 일상적인 경제생활에서 늘 있는 일이다. 그런 난처한 상황에 부딪힌 경제학자는 그것은 '비합리적' 소비자 때문이라고 말하곤 한다."

It is impossible for an increase in price to result in an increase in demand in economic theory. Yet this happens every day in the actual economy. The economist, when confronted with such a phenomenon, is liable to talk of the "irrational customer".

∽

비합리적인 소비자를 비난하는 것은 의사가, 어떤 종류의 박테리아가 항생제에도 죽지 않는 경우를 발견하고는, "비합리적 감염"이라고 말하는 만큼이나 재치있게 위기를 모면하는 방법이기는 하다. 지금은 기존 이론의 예측과는 일치하지 않는 어떤 것이 발생하고 있는 중이다. 이제 기존의 이론을 바꿀 때가 온 것이다.

시장이란 결과를 산출하도록 자원을 배분하는 메커니즘이다. 시장은 왜곡될 수는 있다. 그러나 완전히 없앨 수는 없다. 소비자가 선택권을 갖는 그 순간, 정부나 계획자가 아니라 시장이 다시 통제를 하게 된다.

경쟁력  Peter F. Drucker

## 113_ 경쟁력의 원천

"선진 경제는 지난 50년 동안 자신들의 경제를 지탱해온 '현대 산업들'과 같이 지식컨텐츠 수준이 낮은 산업에서는 앞으로 오랫동안 경쟁력을 유지하기를 기대할 수 없다."

The developed economies cannot expect to remain competitive for very long in those industries in which the knowledge content is comparatively small, as it still is in those "modern" industries that have been carrying the load in the developed for the last fifty years(1910~1960).

∞

한 경제의 원가수준은 가장 생산적인 자원의 원가에 의해 결정된다. 그러므로 가장 생산적인 자원보다도 생산성이 상당 수준 떨어지는 어떤 자원이 있다면, 그것은 필연적으로 고비용이 되어 널리 사용할 수가 없게 될 것이다. 간단히 말해, 선진 경제는 이미 지식의 원가를 지불하고 있으므로, 지금부터는 경쟁력을 유지하기 위해 지식의 생산성을 향상하지 않으면 안 될 것이다.

## 114_ 가난을 극복하게 해준 요소

"계급투쟁을 극복시켜준 것은 첫째, 신기술이었다. 무엇보다도 전기의 등장이었다. 이 신기술은 새로운, 생산성이 더 높은, 그래서 (노동자에게) 수입이 더 좋은 일자리를 창출했다. 둘째, 계급투쟁을 극복시켜준 것은 교육이었다. 그러나 계급투쟁을 극복할 수 있게 한 결정적인 계기는 무엇보다도 프레더릭 테일러의 '과학적 관리'였다."

What overcame class war was, first, new technology: electric power, above all. This new technology created new, more productive, and therefore better-paid jobs. Secondly, the class war was overcome by education. But above all, what overcame the class war was Frederick Taylor's Scientific Management.

∞

싱가포르의 리콴유〔李光耀〕 전 수상은 "지금까지 가장 중요한 발명품은 에어콘이다. 에어콘이 없다면, 동남아 사람들은 일을 할 수 없기 때문이다"라고 했다.

교육은 마르크스가 경멸했던 바로 그 "계급"으로부터 빈민 아동들이 탈출할 수 있는 기회를 제공했다. "과학적 관리"는 처음으로 지식을 작업에 적용하고 또 결과적으로 육체노동자들의 생산성을 획기적으로 증대시켰다.

## 115_ 아르헨티나의 교훈

"아르헨티나는 지난 50년간(1910~1960) 마치 고의적으로 자해를 하려는 듯 자원을 낭비했으며, 그 결과 한때 고도로 발달하고 또 부유한 국가에서 지금은 저개발의 가난한 국가로 스스로 전락하고 말았다. 아무리 노력하더라도 집중하지 않으면 성공할 수 없다는 것은 상식이다."

Argentina, which for the last fifty years(1910~1960) has wasted substance as if by malice aforethought, and turned herself from a highly developed and rich country into an underdeveloped and poor one. Concentration is fundamental to any successful effort.

∽

비유하자면, 아르헨티나는 나일 강이 범람하자 그 물을 이용하여 사하라 사막 전역에다 관개 사업을 추진한 격이었다. 그 결과, 사하라 사막의 모래는 촉촉이 물기가 배였다—그러나 첫 번째 싹이 돋아날 바로 그 무렵 모래는 다시 말라버렸다.

경제개발에는 상당히 많은 돈을 투입해야 한다. 게다가 훌륭하고, 유능하고, 그리고 헌신적인 사람들을, 다시 말해 엄청나게 많은 인적자원을 투입해야 한다. 그러나 분배에 초점을 맞추고, 인적자원을 너무 분산 배치하게 되면 자원을 낭비하고 만다.

## 116_ 일본 경제의 두 거인

" '이윤 극대화가 우선이다'라고 이와사키는 주장했다. 이에 대해 시부사와는 '인재 양성이 먼저다'라고 되받아쳤다. 오늘날 우리는 둘 다 옳았다는 것을 알고 있다."

Iwasaki said, "Maximize profits". Shibusawa said, "Maximize talents". Today we know that both were right.

∽

이와사키 야타로(1834~85, 미쓰비시의 창업자)와 시부사와 에이치(1840~1931, 일본 제일은행의 창업자)와 같은 기업가들의 이름은 일본을 벗어나면 오직 몇몇 전문가들에게만 알려져 있을 뿐이다. 그리고 이와사키가 51세라는 젊은 나이로 먼저 죽을 때까지 20년 동안, 이 두 사람은 공개적으로 신랄한 입씨름을 벌이곤 했다.

개발을 위해서는 자본의 생산성을 증대시켜야 한다. 우리는 한 경제가 조달할 수 있는 가용자본을 성장기회로 끌어들여야만 한다. 우리는 또한 한 사회가 보유한 인간 에너지를 성장기회로 끌어들여야만 한다.

## 117_ 이와사키와 시부사와의 목표

"이와사키와 시부사와는 부유한 일본을 만드는 것이 아니라, 강력하고 성취지향적인 일본을 만들기 위해 노력했다. 두 사람 모두 개발의 본질은 가난한 사람들을 부유하게 만드는 것이 아니라, 가난한 사람들의 생산성을 높이는 것임을 알고 있었다."

Both Iwasaki and Shibusawa worked for a strong and achieving, rather than for a rich, Japan. Both men knew that the essence of development is not to make the poor wealthy, it is to make the poor productive.

∽

일본은 이와사키 식으로, 즉 국내 자본을 철저히 끌어들이고 또 그것을 활용함으로써 개발을 이룩했다. 그 결과, 일본은 해외자본을 끌어들이거나 해외투자자에게 의존하지 않고도 자본 부족으로 애를 먹은 적이 없었다. 일본은 또한 시부사와가 주장한 방법을 따라, 일본사람들의 에너지를 한데 모으고, 훈련시키고, 그리고 그들의 능력을 한 점 낭비하지 않고 활용했다. 일본은 한 뛰어난 천재가 동원할 수 있는 모든 재능을 성장 기회에다 투입했던 것이다.

경제성장을 위해서는 우리는 기초적인 자원의 생산성을 높여야만 한다. 인적자원과 자본의 생산성을 증대시켜야 한다는 말이다.

## 118_ 자본과 노동의 이동 원칙

"어떤 경제에서든 이동 가능한 두 가지 자원인 노동과 자본은 그것들이 가장 생산적으로 이용될 수 있는 곳으로 이동될 수 있어야만 하고, 어제의 일자리로부터 빠져나올 수 있어야만 한다."

Men and capital, the two mobile resources of any economy, must be able to move into the most productive allocation and out from employment in yesterday's work.

∞

사실, 이동성은 개인으로 하여금 일자리를 잃게 하거나, 혹은 적어도 고용불안, 공포, 근심을 안겨준다. 그러나 한층 더 생산적인 일자리로 이동하는 것을 막는 것은 "보호받고 있다"라는 구실로 개인에게 낮은 임금을 강요하는 것이다. 고용이 보다 생산적인 곳에서 이루어질수록 원칙적으로 더욱 더 즐거운 것이며, 그리고 개인에게 더 많은 만족을 제공한다.

자본 또한 생산적인 투자 대상으로 이동할 수 있어야만 한다. 경제가 발전하면 할수록, 자본의 최적 이용이 더욱 더 중요하게 된다. "경제발전"이란, 국가가 가진 자본이 꾸준히 그 생산성을 높이고, 생산성 낮은 곳에 투입된 자본이 보다 높은 생산성을 산출하는 곳으로 꾸준히 이동하는 경제를 말한다.

## 119_ 왜곡된 자본투자

"인도에서 자본은 종종 경제적으로 한계 생산성밖에 올리지 못하는 토지소유권(토지)에 묶여 있다. 그렇지 않는 경우, 자본은 애당초 잘못된 곳에 투자되어 있다 ― 인도의 농민에서부터 토후에 이르기까지 귀금속을 구입하여 사장시키고 있는 것이 한 예다."

In India, the capital is often locked up in economically marginal land ownership, or it is not invested at all ― the treasure of the Indians, from peasant to Maharajah, is an example.

∽

개발경제학은 인력의 개발과 자본의 증대라는 두 개의 기둥에 의존한다. 개발에 성공하려면 인력의 개발과 자본의 증대 둘 다를 조직해야만 하고, 그리고 국가는 이 두 곳에 집중해야 한다.
  자본의 "부족"이라는 말은 자본의 관리를 잘못하고 있다는 말을 완곡하게 표현한 것에 지나지 않는다. 자본은 생산성 높은 곳에 투자되어야 한다.

## 120_ 육체노동자와 지식근로자의 차이

"쿠푸왕(기자의 대 피라미드를 건설한 이집트의 왕) 휘하의 건설 감독자들이 큰 소리로 내지르는 명령에 맞춰 밧줄을 끌었던 이집트의 농부들은 어떤 생각도 하지 않았으며, 그들이 솔선해서 무엇을 하기를 기대하는 사람도 없었다."

The Egyptian fellahin who pulled at the rope when Cheops' supervisors barked out the order did not have to do any thinking and were not excepted to have any initiative.

∞

지식수준이 낮은 육체노동자들은 상사가 시키는 일만 하면 되었다. 시키는 일이 없으면 할 일도 없었다. 육체노동자가 어떤 제안을 하면 "시키는 대로 해"라는 핀잔만 들었다.
그러나 오늘날 대규모 조직의 전형적인 종업원은 자신의 머리를 써서 의사결정을 하도록, 그리고 스스로 책임지고 자신의 지식을 일에 투입하도록 요구받고 있다.

## 121_ 자원을 분산시키는 것은 월권행위다

"조직 그리고 조직의 경영자가 권한을 갖게 되는 근거는 오직 한 가지뿐이라는 점은 분명하다. 즉 성과달성 말이다. 성과달성은 애당초 조직이 권한을 갖게 되는 유일한 이유이다."

Clearly there is only one foundation for the authority which our organization and their management must have: performance. It is the only reason that we have them at all.

∞

성과는 조직이 권력을 행사하고 또 권한을 요구하는 것을 우리가 수용할 수 있는 유일한 근거이다. 우리는, 각각의 조직과 조직의 경영자가 자신들이 합법성을 부여받은 바로 그 목적을 달성하기 위한 구체적 과업에 그들의 모든 역량을 집중시키는지 파악해야 할 필요가 있다.

그 범위를 벗어난 것은 모두 월권행위이다.

## 122_ 지식근로자의 과업

"목표를 달성하는 것이 곧 지식근로자의 과업이다. '목표를 달성한다'는 것과 '과업을 실행한다'는 것은 결국 동의어나 마찬가지다."

To be effective is the job of the knowledge worker. "To effect" and "to execute" are, after all, near-synonyms.

∞

기업, 병원, 정부기관, 노동조합, 대학 혹은 군대 등 어디에서 일하든지 간에 지식근로자는 항상 올바른 목표를 달성할 것(get the right things done)으로 기대되고 있다. 그것은, 간단히 말해, 그가 목표를 달성해주길 바란다는 의미이다.

## 123_ 육체노동자의 능률

"육체노동자에게는 능률만 필요했다. 그것은 올바른 목표를 달성하는 능력이 아니라 주어진 일을 올바르게 할 수 있는 능력이다."

For manual work, we need only efficiency; that is, the ability to do things right rather than the ability to get the right things done.

∞

육체노동자의 성과는, 예를 들면 한 켤레의 구두를 생산했다는 등 구체적으로 정의 내릴 수 있다. 또 개별적으로 산출물의 양과 질을 계산하여 언제든지 평가될 수 있다. 우리는 지난 1백 년 동안 육체노동의 능률을 측정하고, 또 질을 파악하는 방법을 배웠다. 그 결과 육체노동자 개개인의 산출량을 대폭 증대시킬 수 있었다.

과학적 관리를 통해 육체노동자의 생산성을 향상시켰다는 말이다.

## 124_ 육체노동자에서 지식근로자로

"오늘날 모든 대규모 조직에서는 노동력의 중심은 지식근로자에게로, 즉 근육의 완력이나 손재주로 일을 하는 육체노동자로부터 귀와 귀 사이에 있는 지식을 사용하여 일을 하는 지식근로자에게로 이동했다."

In every one of organized institutions the center of gravity has shifted to the knowledge worker, the man who puts to work what he has between his ears rather than the brawn of his muscles or the skill of his hands.

∞

오늘날 지식에 기반을 둔 거대 조직은 사회의 중심적 존재이다. 현대사회는 거대한 조직들로 구성된 조직사회이다. 앞으로 조직에서 일하는 사람들 대부분은 육체적으로 힘이 센 사람 또는 숙련공보다는 학교에서 지식, 이론, 개념을 활용하도록 교육받은 사람들일 것이고, 그리고 그들의 존재가치는 조직의 목표달성에 기여하는 정도에 따라 평가될 것이다.

## 125_ 지식근로자의 책임

"현대 조직의 모든 지식근로자는 각자가 하나의 '경영자'이다. 만약 그가 자신의 지위 또는 지식을 이용하여 조직으로 하여금 성과를 올리고 결과를 산출할 수 있도록 실질적으로 조직역량을 강화할 책임을 진다면 말이다."

Every knowledge worker in modern organization is an "executive" if, by virtue of his position or knowledge, he is responsible for a contribution that materially affects the capacity of the organization to perform and to obtain results,

∞

조직역량이란 기업이 새로운 제품을 생산하거나, 기존시장에서 시장점유율을 높이는 능력일 수도 있다.

그런 일을 하는 사람은 스스로 의사결정을 내리지 않으면 안 된다. 그저 다른 사람이 내린 명령을 묵묵히 수행하기만 하면 되는 것이 아니다. 그리고 자신이 기여한 공헌에 대해 책임을 져야만 한다. 게다가 그는 자신이 갖고 있는 지식을 활용하여, 조직 내의 다른 누구보다도 올바른 의사결정을 내릴 수 있도록 더 잘 준비된 사람이어야 한다.

## 126_ 게릴라전에서는 모두가 대장이다

"게릴라전에서는 모든 병사가 '최종 결정자'이다."

In a guerrilla war, every man is an "top manager".

⊗

베트남의 정글에서 임무를 수행하던 한 젊은 미국 보병 대위는 신문 인터뷰에서 "이러한 혼란스러운 상황에서 당신은 어떻게 부대를 지휘하고 있습니까?"라는 질문에 대해 다음과 같이 대답했다.

"이곳에서는, 책임질 사람이 나 혼자밖에 없습니다. 그러나 만약 사병들이 정글 속에서 적군과 맞닥뜨렸을 때 어떻게 해야 할지 모른다고 생각해 봅시다. 멀리 떨어져 있는 내가 할 수 있는 일이 뭐가 있겠습니까? 나의 임무는 그들로 하여금 자신들이 해야 할 일을 분명히 알도록 가르치는 것입니다. 그들이 무엇을 하는가 하는 것은 오직 그들의 상황 판단에 달려 있습니다. 물론 책임은 언제나 내게 있지만, 그러나 결정은 현장에 있는 사람이 합니다."

## 127_ 자기계발

"자기계발은 조직의 목표와 개인의 욕구를 일치시킬 수 있는 유일한 방법이다."

Self-development is the only way in which organization goals and individual needs can come together.

∞

목표달성 능력을 향상하기 위한 유일한 대책은 경영자의 자기계발이다. 강점을—자신의 강점은 물론이고 다른 사람의 강점도—활용하여 생산성을 올리려고 노력하는 경영자는 조직 성과를 개인의 성취와 일치시키도록 노력한다. 그는 자신의 전문지식 분야가 조직을 위한 기회가 되도록 노력한다. 그리고 공헌에 초점을 맞춤으로써 그는 자신의 가치를 조직의 결과로 드러나게 한다.

## 128_ 지식사회의 사회적 문제

"지식근로자의 지위와 기능 그리고 자아실현이, 지금은 선진국이 되었지만 한 세기 전에는 개발도상국가들이었던 국가들이 20세기에 당면했던 사회적 문제이다."

The position, function and fulfillment of the knowledge worker is the social question of the 21 century in these countries now that they are developed.

∞

육체노동자의 경제적 욕구 증대와 성장 경제를 위한 자본 축적 사이의 경제적 갈등은 20세기 개발도상국가들이 해결해야 할 "사회적" 문제였다. 많은 개발도상국들이 선진국의 문턱에 다가서고 있고, 정보화된 세계에서 지식의 이동성이 증가하게 됨에 따라 국가는 차츰 육체노동자의 경제적 욕구 해결에서 지식근로자의 자아실현 요구 해결에 초점을 맞추어야 한다.

## 129_ 최고경영자의 과업

"최고경영자 본연의 과업이란 어제의 위기를 해결하는 것이 아니라 남다른 내일을 만드는 것이다."

The work of top management does not try to solve yesterday's crises but to make a different tomorrow.

∞

일의 우선순위(priorities)를 결정하는 과제를 주변 상황의 압력에 맡기게 될 때 예상되는 하나의 결과는 최고경영자 본연의 과업은 전혀 수행할 수 없다는 것이다. 사소하고도 급한 일들은 언제나 나중에 생각해도 되는 일이다. 게다가 주변 상황의 압력은 항상 어제의 문제를 우선적으로 처리하기를 바라기 때문이다.

특히, 주변 상황의 압력에 지배되는 최고경영자는 자신들 말고는 그 누구도 할 수 없는 한 가지 일을 무시하고 말 것이다. 즉, 그런 최고경영자는 조직의 외부에 대해 주의를 기울이지 않을 것이다. 그 결과 그들은 성과가 나타나는 유일한 현실이자 단 하나의 영역인 외부와는 접촉이 단절되고 말 것이다.

지식생산성 향상 방법　Peter F. Drucker

## 130_ 공헌에 초점을 맞춰라

"목표를 달성하는 경영자는 다음과 같이 질문한다. 내가 속해 있는 조직의 성과와 결과에 큰 영향을 미치는 것으로써, 내가 공헌할 수 있는 것은 무엇인가?' 그는 책임을 강조한다."

The effective executive asks "What can I contribute that will significantly affect the performance and the results of the institution I serve?" His stress is on responsibility.

⚭

공헌에 초점을 맞추는 것은 목표달성을 위한 가장 중요한 열쇠이다. 자기 자신이 하고 있는 일의 목표달성 즉, 업무의 내용, 수준, 기준, 영향력이라는 차원의 목표달성에서도, 그리고 다른 사람들과의 관계에서의 목표달성 즉, 상사, 동료, 부하와의 관계에 있어서도, 그리고 회의나 보고서와 같은 지식근로자의 도구를 사용한다는 점에서도 그렇다.

목표를 달성하는 사람들은 공헌에 초점을 맞춘다. 그들은 자신이 지금 하고 있는 일보다 더 높은 것을 지향하고 또한 목표를 달성하기 위해 외부로 눈을 돌린다.

## 131_ 공헌의 의미

"'내가 무엇에 공헌할 수 있을까?'라고 스스로 묻지 않는 지식근로자는 분명 목표를 너무 낮게 설정할 뿐만 아니라, 십중팔구는 잘못된 목표를 설정하기 쉽다."

Knowledge workers who do not ask themselves, "What can I contribute?" are not only likely to aim too low, they are likely to aim at the wrong things.

"공헌"은 여러 가지를 의미한다. 왜냐하면 모든 조직은 세 가지 주요 영역에서 성과를 올릴 필요가 있기 때문이다. 첫째, 조직은 직접적인 결과를 산출하고, 둘째, 가치를 창출하고 또 그것을 재확인하고, 그리고 셋째, 내일을 위한 인재를 확보하고 개발하는 것 세 가지 말이다.

만약 이 세 영역 가운데 하나라도 업적을 올리지 못하면, 조직은 썩어서 사라지고 말 것이다. 그러므로 세 영역 모두는 모든 지식근로자의 공헌활동과 연결되지 않으면 안 된다.

## 132_ 선배의 어깨 위에 올라타라

"다음 세대는 현 세대가 축적해 놓은 고된 작업과 헌신을 당연하게 받아들여야만 한다. 그 다음, 그들은 선배의 어깨 위에 올라앉아 또 다음 세대의 기초가 될 새로운 '최고 수준의 성과'를 달성해두지 않으면 안 된다."

The next generation should take for granted what the hard work and dedication of this generation has accomplished. They should then, standing on the shoulders of their predecessors, establish a new "high" as the baseline for the generation after them.

∞

조직이란 크게 보면, 죽음이라는 피할 수 없는 운명을 지닌 개인의 한계를 극복하는 하나의 수단이다. 영속할 능력이 없는 조직은 그 자체가 실패작이다. 그러므로 조직은 내일의 조직을 운영할 사람들을 오늘 준비해 두지 않으면 안 된다. 조직은 인적 자본(human capital)을 쇄신하지 않으면 안 된다. 조직은 인적 자원(human resource)의 수준을 꾸준하게 향상시켜야 한다.

## 133_ 변신 능력

"지식근로자가 실패하는 가장 일반적인 원인은 새로운 지위가 요구하는 바에 따라 스스로 변신하는 능력의 부족 또는 의지의 결여이다."

The most common cause of knowledge worker failure is inability or unwillingness to change with the demands of a new position.

현재의 자리로 옮기기 전의 직위에서 성공적으로 해왔던 방식과 똑같은 방식으로 일을 계속하는 지식근로자는 거의 실패하게 마련이다. 그 이유는 자신이 공헌해야 할 대상인 목표 그 자체가 변했기 때문만은 아니다. 이 점을 이해하지 못하는 지식근로자는 어느새 잘못된 일을 잘못된 방법으로 하고 있는 자신을 발견하게 된다. 비록 그가 그 전의 일자리에서 했던 올바른 일을 올바른 방법으로 정확하게 그대로 계속하고 있다 해도 말이다.

## 134_ 지식근로자의 산출물

"지식근로자는 '물건'을 생산하지 않는다. 그들은 아이디어, 정보, 그리고 개념을 생산한다."

Knowledge workers do not produce a "thing". They produce ideas, information, and concepts.

∞

지식근로자는 원칙적으로 전문가이다. 사실, 그는 원칙적으로 한 가지 일을 잘할 수 있도록 배웠을 때에만 목표를 달성하는 사람이 된다. 달리 말해, 그가 전문화되었을 때에만 그는 목표를 달성할 수 있다.

그러나 전문적인 지식 그 자체는 단편적인 것이고 또 쓸모없는 것에 지나지 않는다. 전문가가 결과를 생산하기에 앞서, 전문가 자신의 산출물이 또 다른 전문가의 산출물과 통합되어야만 한다. 예컨대 시장조사자, 광고전문가, 생산책임자, 그리고 판매원 등이 모여 신제품의 출하를 결정하는 경우, 각각의 전문가들은 다른 전문가들의 아이디어를 자신의 아이디어와 결부시켜 새로운 아이디어를 창출한다.

## 135_ 인간관계의 유지 비결

"조직에 속해 있는 지식근로자들 가운데 좋은 인간관계를 유지하는 사람들은 그들이 '인간관계에 타고난 재능'을 가졌기 때문에 그런 것이 아니다. 그들이 좋은 인간관계를 유지하는 것은 그들이 자신들의 공헌에 초점을 맞추고 그리고 다른 사람들과의 관계에서 공헌할 부분에 초점을 맞추고 있기 때문이다."

Knowledge workers in an organization do not have good human relations because they have a "talent for people". They have good human relations because they focus on contribution in their own work and in their relationships with others.

∞

어떤 작업 또는 특정 과업과 관련하여 어쨌든 아무런 성과를 달성하지 못한다면, 따뜻한 감정이나 유쾌한 농담은 아무 의미가 없는 것이다. 정말이지, 그것은 상호 기만하는 가면극에 지나지 않는다. 반면, 관련된 모든 사람들이 결과를 얻게 되고 성취감을 맛볼 수 있다면 때때로 주고받는 거친 말투도 인간관계를 파괴하지 않는다.

## 136_ 자기계발의 기준을 높여야 한다

"우리는 자기계발이 무엇인지에 대해 별로 아는 것이 없다. 그러나 한 가지만은 알고 있다. 일반적으로 인간은, 특히 지식근로자는, 자신이 스스로 설정한 기준에 따라 성장한다는 것이다. 사람은 스스로가 성취하고 획득할 수 있다고 생각하는 바에 따라 성장한다."

We know very little about self-development. But we do know one thing: people in general, and knowledge workers in particular, grow according to the demands they make on themselves. They grow according to what they consider to be achievement and attainment.

∽

만약 어떤 사람이 자신이 되고자 하는 기준을 낮게 잡으면, 그는 더 이상 성장하지 못한다. 만약 그가 목표를 높게 잡으면, 그 사람은 높은 목표를 갖고 있다는 사실만으로도 위대한 존재로 성장할 것이다 ─ 일반 사람들이 하는 것보다 더 큰 노력을 기울이지 않고서도 말이다.

## 137_ 외부 추세의 변화를 파악하라

"외부에서 일어나는 진정 중요한 사건은 추세가 아니다. 중요한 것은 추세의 변화이다."

The truly important events on the outside are not the trends. They are changes in the trends.

∞

외부 추세의 변화는 궁극적으로 조직의 성패를, 그리고 조직이 기울인 노력의 성패를 결정한다. 그러나 그러한 변화는 감지되어야만 한다. 그런 변화는 계량화할 수도, 정의를 내릴 수도, 혹은 분류할 수도 없다.

예컨대, 이민 인구가 증가하는 미국을 제외하면 최근 선진국의 인구는 감소하고 있다. 중요한 것은 인구가 증가한다거나 감소한다거나 하는 추세가 아니라, 인구가 증가하다가 감소로 그 추세가 변하고 있다는 점이다.

## 138_ 집중이 비결이다

"목표를 달성하는 방법에 대해 '비결'이라고 할 만한 것 하나를 소개하면, 그것은 '집중'하는 것이다. 목표를 달성하는 사람들은 중요한 것부터 먼저 하고 그리고 한번에 한 가지 일만 수행한다."

If there is any one "secret" of effectiveness, it is "concentration". Effective knowledge workers do first things first and they do one thing at a time.

∞

집중의 필요성은 지식근로자의 직무의 본질과 인간의 본성 두 가지 모두에 근거하고 있다. 공헌을 하기 위해 사용할 수 있는 가용 시간보다는 이룩해야 할 공헌들이 언제나 더 많기 때문이다. 지식근로자가 해야 할 공헌을 분석하면 중요한 과업들이 늘 놀라울 정도로 많다는 사실을 알게 된다.

지식근로자의 시간을 분석하면, 진실로 공헌해야 할 일에 할애할 시간이 놀라울 정도로 적다는 것도 알 수 있다. 따라서 목표를 달성하려면 한정된 목표를 수립하고 그것부터 집중적으로 달성해야 한다. 여러 가지 목표를 동시에 조금씩 손을 대는 것보다 결과적으로 더 많은 일을 하게 된다.

## 139_ 목표달성 능력에 대한 오해

"어떤 사람의 목표달성 능력과 그의 지능, 그의 상상력, 또는 그의 지식수준 사이에는 그다지 상관관계가 없는 듯하다. 머리는 좋은 사람이 놀랄 만큼 터무니없는 짓을 하는 경우는 얼마든지 있다."

There seems to be little correlation between a man's effectiveness and his intelligence, his imagination or his knowledge. Brilliant men are often strikingly ineffectual.

∽

 머리가 좋은 사람들은 뛰어난 지적 통찰력 그 자체가 바로 성과로 이어지는 것이 아니라는 사실을 인식하지 못하고 있다. 그들은 지적 통찰력이 매우 체계적인 작업을 통해서만 성과와 연결된다는 것을 전혀 모르고 있다.
 반면에, 모든 조직에는 상당히 높은 성과를 올리는 끈질긴 사람들도 있다. 머리 좋은 사람들이 종종 "창조성"과 혼동하기도 하는 그 열정과 분방함 속에 빠져 있는 동안, 그들은 동화 속의 거북이처럼, 한발 한발 앞서 가고는 결국 목표 지점에 먼저 도달하는 것이다. 1953년 최초로 에베레스트를 등정한 에드문드 힐러리 경(1919~ )이 대표적인 예이다. 어떻게 에베레스트를 정복했습니까 라는 기자의 질문에 "뭐 간단합니다. 한발 한발 걸어서 도달했지요"라고 답했다.

## 140_ 인간은 다목적 도구다

"진정 인간은 놀라울 정도로 다양한 능력을 갖고 있다. 인간은 하나의 '다목적 도구'다. 그러나 이러한 인간의 위대한 다양성을 생산적으로 사용하기 위해서는 개개인들의 다양한 능력을 한 가지 과업에 집중시켜야 한다. 온갖 능력들을 한 가지 과업에다 연결시키는 것이 바로 집중이다."

Mankind is indeed capable of doing an amazingly wide diversity of things; humanity is a "multipurpose tool". But the way to apply productively mankind's great range is to bring to bear a large number of individual capabilities on one task. It is concentration in which all faculties are focused on one achievement.

∽

집중이 필요한 이유는 정확하게 말해 최고경영자가 처리해야 할 일들이 너무나 많기 때문이다. 한 번에 일을 한 가지씩만 하게 되면 그 일을 보다 빨리 처리할 수 있다.

집중이 필요한 또 다른 이유는 인간은, 극히 소수의 진정한 천재들을 제외하고는, 두 가지 일은 고사하고, 단 한 가지 일도 제대로 하기가 어려울 정도로 평범하기 때문이다.

## 141_ 비생산적인 과거와 단절하라

"지식근로자의 노력을 집중시키기 위한 첫 번째 법칙은 더 이상 생산적이지 않은 과거와 단절하는 것이다. '우리가 이 일을 아직도 시행하지 않고 있다고 가정하면, '지금'이라도 이 일을 당장 착수해야 하는가?' 이에 대한 대답이 무조건 '예스'가 아니라면, 그들은 당장 그 일을 중단하든가 아니면 대폭 축소해야 한다."

The first rule for the concentration of knowledge worker efforts is to slough off the past that has ceased to be productive. "If we did not already do this, would we go into it 'now'?" And unless the answer is an unconditional 'Yes,' they drop the activity or curtail it sharply.

―

목표를 달성하는 지식근로자들은 자신의 일―그리고 부하의 일―을 정기적으로 점검한다. 그리고 적어도, 더 이상 생산적이지 않은 과거를 위하여 자원을 추가로 투입하지 않는다는 것만은 확실히 해두어야 한다. 그리고 그 희소한 자원, 특히 지난날의 일들을 해결하기 위해 충당되었던, 유능한 인간이라는 희소한 자원을 즉각 회수하여 내일의 기회에 투입해야 한다.

## 142_ 새로운 것을 하기 전에 낡은 것을 먼저 정리하라

"무엇보다도, 목표를 달성하는 지식근로자는 새로운 활동을 시작하기 전에 반드시 낡은 것을 먼저 정리해 버린다. 그것은 조직의 '체중 관리'를 위해서도 필요하다."

Above all, the effective knowledge worker will slough off an old activity before he starts on a new one. This is necessary in order to keep organizational "weight control".

∽

목표를 달성하고자 하는 지식근로자, 그리고 조직 전체의 목표를 달성하고자 하는 최고경영자는 모든 계획, 활동, 그리고 모든 과업을 정기적으로 점검한다. 그는 늘 "이것은 아직도 계속할 만한 가치가 있는가?"라고 질문한다. 만약에 "아니다"라는 결론이 나오면, 그것을 중단하고서, 자신의 업무 가운데 만약 성공적으로 수행한다면 자신의 그리고 조직의 성과를 크게 향상시킬 소수의 다른 과업에 집중한다.
  그렇지 않으면, 조직은 곧 정상적인 상태, 응집력, 그리고 통제 능력을 상실하고 만다. 사회의 기관은 생물체의 기관과 마찬가지로 군살이 없는 근육을 유지해야 한다.

## 143_ 듀폰의 성공 원칙

"듀폰은 제품이나 제조공정이 진부한 것이 되기 전에 스스로 그것들을 폐기해 버림으로써, 세계적 대규모 화학회사들 가운데 그 어떤 회사보다도 훨씬 더 뛰어난 업적을 쌓고 있다."

Du Pont has been doing so much better than any other of the world's large chemical companies largely because it abandons a product or a process before it begins to decline.

∞

듀폰은 사람과 돈이라는 귀중한 자원을 "어제를 방어하기 위해" 투자하지 않는다. 그러나 대부분의 기업들은, 화학회사든 아니든 간에, 이와는 다른 원칙에 기초하여 경영을 하고 있다. 즉, "마차용 채찍을 만드는 공장이라도 효율적으로 경영하기만 하면 시장은 언제나 있는 법이다", 그리고 "이 제품이 오늘날 이 회사를 있도록 했으므로 이 제품을 유지하기 위해 필요한 시장을 계속 확보하는 것이 우리들의 의무이다"라는 것 등으로 말이다.

## 144_ 목표를 달성하는 경영자의 전제조건

"목표를 달성하는 경영자들은 목표를 달성할 수 있는 의사결정을 해야 한다."

Effective knowledge workers make effective decisions.

∞

경영자들은 의사결정을 한다. 경영자가 무엇인지 정의를 내리자면, 그는—자신의 직위 혹은 지식을 이용하여—조직 전반에 걸쳐 중요한 영향을 끼치는, 그리고 조직의 성과와 결과에 의미심장한 영향을 끼치는 결정을 내려야 하는 사람이다.

## 145_ 의사결정은 최적안의 선택이다

"의사결정은 판단이다. 그것은 몇 가지 대안들 가운데 하나를 선택하는 것이다."

A decision is a judgment. It is a choice between alternatives.

∞

의사결정이 올바른 것과 잘못된 것 사이의 선택인 경우는 드물다. 그것은 기껏 "거의 올바른 것"과 "거의 잘못된 것" 사이에서의 선택이다— 그러나 대개는 한쪽이 다른 쪽보다 조금이라도 더 낫다고 말할 수조차 없을 만큼 별차이가 없는 두 가지 행동 사이에서의 선택이다.

유능한 최고경영자가 엄청난 보수를 받는 것은 선택과정에서 느끼는 엄청난 스트레스와 갈등부담 때문이다.

## 146_ 목표 달성에 성공하는 사람들의 노하우

"목표를 달성하는 경영자는 다른 사람들에게 의견 제시를 장려한다. 그는 또한 의견을 내놓는 사람에게 어떤 사실의 발생이 예상되고 또 어떤 사실을 찾아야 할 것인가를 규정하는 책임을 지도록 요구한다."

The effective executive encourages opinions. He insists that people who voice an opinion also take responsibility for defining what factual findings can be expected and should be looked for.

∞

유능한 경영자는 또한 의견을 내놓는 사람들 역시 "실험"을 통해 검증해야 할 것들—즉 현실과 비교한 의견의 검증—이 무엇인지를 진지하게 생각하도록 요구해야 한다. 그러므로 목표를 달성하는 사람들은 다음과 같이 질문한다. "이 가설의 타당성을 검증하기 위해서 우리는 무엇을 알아야 하는가?" "이 견해가 타당성을 유지하기 위해서는 어떤 사실이 드러나야만 하는가?" 그리고 그는 파악해야 할 것, 연구해야 할 것, 그리고 검증해야 할 것이 무엇인가에 대해—스스로도 그리고 함께 일하는 다른 사람들에게도—철저하게 생각하여 밝히는 습관을 익혀야 한다.

## 147_ 판단에는 대안이 필요하다

"경영자가 판단을 해야 할 때는 언제든지, 그가 선택할 수 있는 몇 가지 대안들을 갖고 있지 않으면 안 된다. 목표를 달성하는 경영자들은 평가기준에 있어서도 대안이 필요하다―그래야만 가장 적절한 평가기준을 선택할 수가 있다."

Whenever one has to judge, one must have alternatives among which one can choose. Effective exeutives insist on alternatives of measurement―so that they can choose the one appropriate one.

∽

한 가지 안을 놓고 오직 "예스" 또는 "노"라고 대답할 수 있는 판단은 전혀 판단이라고 할 수 없다. 몇 가지 대안이 있을 때에야 비로소 경영자는 진정 무엇이 문제가 되는지를 올바르게 판단할 수가 있다.

## 148_ 의사결정은 외과수술과 같다

"모든 의사결정은 외과수술과 같다. 외과수술은 육체라는 시스템에 대한 하나의 간섭이므로, 언제나 쇼크사라는 위험을 동반한다."

Every decision is like surgery. It is an intervention into a system and therefore carries with it the risk of shock.

∽

훌륭한 외과의가 불필요한 수술을 하지 않는 것처럼, 목표를 달성하는 의사결정자는 불필요한 의사결정을 하지 않는다. 그리고 우수한 외과의사들 사이에도 수술방법이 각각 다르듯이 의사결정자들도 개개인의 스타일은 각자 다르다.

## 149_ 어중간한 결정이 가장 위험하다

"편도선이나 맹장을 오직 반쯤 떼어낸 외과의는 그것들을 다 떼어내는 경우와 똑같은 감염이나 쇼크의 위험 부담을 진다. 그리고 그는 편도선염이나 맹장염을 완치하지 못했을 뿐만 아니라 오히려 악화시켰다."

The surgeon who only takes out half the tonsils or half the appendix risks as much infection or shock as if he did the whole job. And he has not cured the condition, has indeed made it worse.

∞

그는 수술을 한 것이기도 하고 또는 안한 것이기도 하다. 마찬가지로, 목표를 달성하는 의사결정자는 결정을 하거나 아니면 결정을 하지 않는다. 어중간한 결정은 하지 않는다는 말이다. 어중간한 결정은 언제나 잘못되게 마련이고, 그것은 최소한의 경계 조건(boundary condition)도 만족시키지 못하는 단 하나의 확실한 행동이다.

## 150_ 강점을 활용하라

"지식근로자는 강점을 활용하여 생산성을 향상함으로써, 개인의 목표와 조직의 요구를, 개인의 역량과 조직의 성과를, 그리고 개인의 성취와 조직의 기회를 동시에 달성한다."

In making strengths productive, the knowledge worker integrates individual purpose and organization needs, individual capacity and organization results, individual achievement and organization opportunity.

∽

강점을 활용하여 생산성을 올리는 것은 기본적으로 사람을 존중한다는 의미이다. 자기 자신은 물론이고 다른 사람의 약점에 대해서는 눈감아주고 장점만을 존중한다는 말이다. 강점을 활용하여 생산성을 올리는 것은 행동으로 표출된 가치 체계이다. 하지만 거듭 말하지만 강점을 활용하여 생산성을 올리는 것은 "행동을 통한 학습"이자 실천을 통한 자기계발이다.

## 151_ 개인의 목표달성 능력을 먼저 계발해야 한다

"지식, 기술, 그리고 습관을 아무리 잘 습득했다 하더라도, 지식근로자가 먼저 목표달성 능력을 스스로 계발해 두지 않으면, 먼저 것들은 별 도움이 안 된다."

Knowledges, skills, and habits, no matter how accomplished, will avail the knowledge worker little unless he first develops himself in effectiveness.

∞

지식근로자의 자기계발이란 곧 목표달성 능력을 향상하는 훈련이다.
지식근로자는 지식과 기술을 습득해야 한다. 그는 자신의 경력을 쌓아가는 동안 상당히 많은 새로운 작업 습관을 배워야 하고, 때때로 오래된 몇몇 습관을 버려야 할 것이다. 그리고 결국에는 그런 것들을 통합하여 목표를 달성하는 기술을 익혀두어야 한다.

## 152_ 조직의 목표달성 능력을 향상하라

"현대 사회가, 영구적으로 존속하기 위해서까지는 아니라 해도, 적어도 제 기능을 다하기 위해서는 대규모 조직들의 목표달성 능력, 성과와 결과, 그것들의 가치와 표준과 규율에 달려 있다."

Modern society depends for its functioning, if not for its perpetual survival, on the effectiveness of large-scale organizations, on their performance and results, on their values, standards, and self-demands.

∞

어떤 조직이 남달리 뛰어나게 목표를 잘 달성하는 이유는 그 조직이 보다 더 우수한 사람들을 보유하고 있기 때문이다. 그리고 그 조직이 그런 우수한 사람들을 보유하는 이유는 조직의 표준, 조직 습관, 그리고 조직 분위기를 통해 구성원들이 자기계발을 하도록 동기를 부여하기 때문이다. 조직의 표준, 조직 습관, 조직 분위기 등은 구성원들을 목표를 달성하는 지식근로자로 만들기 위한 체계적이고, 초점을 맞춘, 그리고 의도적인 자기 훈련을 통해 형성된다.

인사관리 Peter F. Drucker

## 153_ 강점에 기초한 인사 배치

"목표를 달성하는 최고경영자는 부하를 여러 부서로 발령내거나 승진을 시킬 때 그 사람이 잘할 수 있는 것이 무엇인가를 판단 기준으로 삼는다."

The effective executive fills positions and promotes on the basis of what a man can do.

∞

목표를 달성하는 최고경영자는 인적자원 배치에 대한 의사결정을 내릴 때 대상자의 단점을 최소화하기 위해서가 아니라 강점을 최대화하기 위한 결정을 내린다.

## 154_ 무엇을 잘하는가

"세상에 '나무랄 데라고는 전혀 없는 사람' 같은 것은 없다. 어떤 분야에서 나무랄 데가 없는가? 하는 것이 알고 싶은 내용이다."

There is no such thing as a "good man". Good for what? is the question.

∞

자신이 할 수 있는 것이 아니라 자신이 할 수 없는 것에만 신경을 쓰는 사람, 그리고 그 결과 강점을 활용하기보다는 약점을 줄이려는 사람은 그 자신이 약한 인간의 표본이다. 아마도 그는 다른 사람들의 강점을 파악하고는 위협을 느끼고 있을 것이다. 그러나 부하가 능력 있고 목표를 달성한다는 이유로 고민하는 상사는 없다.

## 155_ 카네기의 묘비명

"여기 자신보다도 더 우수한 사람을 자신의 부하로 삼아 자신의 목적을 달성하는 방법을 아는 한 인간이 누워 있다."

Here lies a man who knew how to bring into his service men better than he was himself.

∞

목표를 달성하고자 하는 사람에게 미국 철강산업의 창건자인 앤드류 카네기(1835~1919)가 자신의 묘비명으로 택한 "여기 자신보다도 더 우수한 사람을 어떻게 다루어야 하는지를 아는 인간이 누워 있다"라는 글귀보다 더 자랑스럽게 생각할 격언도, 또한 더 좋은 처방도 없다.

## 156_ 로버트 리 장군의 일화

"왜 그를 지휘관 자리에서 해임시키지 않습니까?"
"무슨 그런 쓸데없는 질문을, 그는 전쟁에서 이기고 있잖아."

"Why don' t you relieve him of his command?"
"What an absurd question, he performs."

남군 사령관 로버트 리(1807~70) 사령관에 관한 이야기는 사람의 강점을 활용하는 경영자의 진정한 의미를 설명하고 있다. 전해오는 이야기에 따르면, 휘하 장군들 가운데 한 장군이 리 사령관의 명령을 무시했고, 또 그것 때문에 전략을 망쳐 놓았다—그것도 처음 있는 일도 아니었다. 보통 때는 감정을 잘 억제했던 리 장군이 노발대발했다. 장군의 감정이 누그러졌을 때 한 부관이 정중하게 물었다. "왜 그를 지휘관 자리에서 해임시키지 않습니까?" 리 장군은, 역시 전해오는 이야기로서, 무슨 뚱딴지같은 소리를 들은 듯 부관을 돌아보며 다음과 같이 말했다고 한다. "무슨 그런 쓸데없는 질문을, 그는 전쟁에서 이기고 있잖아."

## 157_ 부하를 고르는 원칙

"목표를 달성하는 지식근로자는 부하를 고를 때 결코 '그 사람이 나하고 잘 지낼 수 있을까?'라고 질문해서는 안 된다. 질문은 '그는 어떤 공헌을 하는가?'라는 것이어야 한다."

Effective knowledge workers who select a subordinate never ask "How does he get along with me?" Their question is "What does he contribute?"

∞

"그가 할 수 없는 것은 무엇인가?"라는 질문도 결코 해서는 안 된다. 질문은 언제나 다음과 같아야 한다. "그가 아주 잘할 수 있는 것은 무엇인가?"

인사배치를 할 때 한 가지 중요한 분야에서 우수한 능력을 가진 사람을 찾아야지, 모든 것을 두루 잘하는 다재다능한 사람을 찾아서는 안 된다. 일차적으로 그런 사람은 없다.

## 158_ 강점에 기반을 둔 조직

"인간관계론자들이 (과학적 관리법을 비판할 때) 쓰는 다음과 같은 상투어가 있다. '아무도 사람의 손 하나만을 고용할 수는 없다—손에는 몸이 딸려 있다.' 똑같은 논리로, 어떤 사람이라도 그 혼자서 모든 것을 해결할 수 있을 정도로 만능일 수는 없다. 강점과 함께 약점이 늘 따라 다닌다."

"One cannot hire a hand—the whole man always comes with it," says a proverb of the human relations people(when criticizing scientific management). Similarly, one cannot by oneself be only strong; the weaknesses are always with us.

∽

약점에 기반을 두는 인사관리는 조직의 목표달성을 방해한다. 조직은 인간의 약점을 무력하게 하고 그것이 해를 끼치지 않도록 하는 한편, 인간의 강점을 성과에 연결시키는 독특한 도구다. 매우 강한 자는 조직을 필요로 하지도 않고 또 조직에 속하려고 하지도 않는다. 그들은 독립해서 혼자 일하는 편이 훨씬 낫다. 그렇지만 우리들 대부분은 자신의 한계를 뛰어넘어 혼자서도 목표를 달성할 만큼 큰 능력을 갖고 있지 않다.

## 159_ 지식근로자의 능력과 조직의 분위기

"목수나 기계공의 직무는 그 사람의 손재주에 따라 결정되는 것이지 일하는 장소에 따라 달라지는 경우는 거의 없다. 그 반면 어떤 조직에 공헌해야 할 한 지식근로자의 능력과 관련해서는, 조직의 가치와 목표는 적어도 그가 지닌 전문적 지식과 기능만큼이나 중요한 의미를 갖는다."

A carpenter's or a machinist's job is defined by the craft and varies little from one shop to another. But for the ability of a knowledge worker to contribute in an organization, the values and the goals of the organization are at least as important as his own professional knowledge and skills.

∞

어느 특정한 조직에 적합한 강점을 가진 사람이라도, 외부에서 보면 같은 종류의 조직처럼 보이지만 분위기가 다른 조직에서는 전혀 부적합할 수도 있다. 그러므로 지식근로자를 부하로 채용하는 경영자의 첫 번째 직무는 지식근로자로 하여금 그 스스로와 조직 둘 다에 대해 검토할 수 있도록 하는 것이다. 지식근로자는 육체노동자와는 달리 자신만의 가치관을 갖고 있기 때문이다.

## 160_ 인사 고과의 목적

"인사 고과의 목적은 어떤 특정 인물이 보다 큰 직위에 적합한 사람인지 결정하기 훨씬 전에 그 사람을 평가해 두려는 것이다."

The purpose of merit rating or performance appraisal is to arrive at an appraisal of a man before one has to decide whether he is the right person to fill a bigger position.

∞

목표를 달성하는 최고경영자들은 직무가 요구하는 것이 무엇인가가 아니라 어떤 특정한 사람들이 무엇을 할 수 있는가 하는 것부터 시작해야 한다는 것을 알고 있다. 그러나 이는 그들이 특정 직무에 관한 인사배치 결정을 내리기 훨씬 전에, 그것도 그 직무와 관계없이, 사람들에 대해 심사숙고한다는 것을 의미한다.

이것이 오늘날 사람들, 특히 지식작업을 수행하는 지식근로자를 정기적으로 평가하는 인사고과 제도가 폭넓게 보급되고 있는 이유이다. 그것은 인적자원의 재고(在庫)를 미리 파악해두는 것이다.

## 161_ 없어서는 안 될 사람은 없다

"목표를 달성하는 최고경영자는 '이 사람을 내어줄 수 없다. 이 사람이 없으면 곤란하다'라는 말을 인정하지 않는다."

The effective managers are intolerant of the argument: "I can't spare this man; I'd be in trouble without him."

∞

어떤 사람이 "없어서는 안 될 사람"인 이유는 세 가지이다. 첫째, 사실은 무능한 사람이어서, 여러 가지 일을 하지 못하도록 주의 깊게 차단당할 때에만 겨우 회생할 수 있는 부류의 사람. 둘째, 혼자서는 업무를 처리할 수 없는 무능한 상사를 보필하기 위해 그 강점이 오용되고 있는 사람. 셋째, 중요한 문제가 있음을 감추려는 것은 아니라 해도, 그 문제 해결을 늦추는데 그 강점이 오용되고 있는 사람이다.

## 162_ 실적이 증명된 사람을 승진시켜라

"충원이 필요한 어떤 직무에는 실적을 토대로 평가하여 가장 적합하다고 판단된 사람을 승진시키는 것을 철칙으로 삼아야만 한다."

It must be an unbreakable rule to promote the man who by the test of performance is best qualified for the job to be filled.

∞

직무에는 최적임자가 배치되는 것만으로 모든 것이 끝나는 것이 아니다. 실적으로 능력이 증명된 사람에겐 그것을 발휘할 기회가 주어져야만 한다. 문제를 해결하는 자리가 아니라 성과를 올릴 수 있는 기회에 사람을 배치하는 것은 목표를 가장 잘 달성하는 조직을 만들 뿐만 아니라, 또한 유능한 사람들에게 열정을 불러일으키고, 공헌을 하도록 유도한다.

## 163_ 마셜 장군의 인사원칙

"제2차 세계대전 중, 조지 마셜 장군은 뛰어난 업적을 달성하지 못하는 휘하의 지휘관은 즉각 이동시키는 것을 원칙으로 삼았다. 마셜의 설명에 따르면, 그런 사람을 계속 지휘관 자리에 두는 것은 그 사람의 지휘를 받는 병사들에게 명줄을 달고 있는 군대와 국가에 대해 책임을 다하는 것이 아니라는 것이었다."

General Marshall during World War II insisted that a general officer be immediately relieved if found less than outstanding. To keep him in command, he reasoned, was incompatible with the responsibility the army and the nation owed the men under an officer's command.

∞

조지 마셜(1880~1959)은 무능한 부하를 전출시킬 때 누군가가 "하지만 우리는 그 사람을 대신할 사람이 없다"고 하는 말을 받아들이길 단호히 거부했다. 그는 이어서 다음과 같이 지시했다. "중요한 것은, 그 사람은 그 자리에 적합하지 않다는 것을 당신이 알았다는 사실이야. 그를 대신할 사람을 어디서 데려올 것인가는 그 다음 문제야."

## 164_ 상사의 강점을 활용하라

"목표를 달성하는 지식근로자는, 무엇보다도, 자신의 상사의 강점을 최대한 활용하도록 노력하여야 한다."

Above all, the effective knowledge worker tries to make fully productive the strengths of his own superior.

∞

기업, 정부기관, 또는 기타 어떠한 조직에서나 "부하 관리에는 별 문제가 없다. 그러나 상사를 어찌해야 좋을지 모르겠다"라고 말하지 않는 지식근로자는 드물다.

그런데 사실 그것은 매우 쉬운 것이다. 비결은 바로 자신의 상사의 강점을 활용하는 것이다. 상사의 약점에 대해서는 눈을 감고서 말이다.

## 165_ 상사를 가르치려 하지 말라

"부하직원들은 대체로 상사의 태도를 '바꾸려고' 노력한다. 행정부의 유능한 고위관료는 자신의 부서에 새로 부임한 정치인 출신 상사에 대해 스스로 개인교사나 된 듯 여기는 경향이 있다. 그는 상사로 하여금 상사 자신의 약점을 극복하도록 가르치려 노력한다. 그 반면 목표를 달성하는 관료는 '신임 장관이 무엇을 할 수 있는가?'라고 그의 장점을 먼저 살핀다."

Subordinates typically want to "reform" the boss. The able senior civil servant is inclined to see himself as the tutor to the newly appointed political head of his agency. He tries to get his boss to overcome his limitations. But the effective ones ask instead: "What can the new boss do?"

∞

신임 장관에게 무엇을 잘하는가를 질문한 뒤, 만약 대답이 "의회, 백악관, 그리고 대 국민과 좋은 관계를 형성하는데 능숙하다"라는 것이면, 그 관료는 신임 장관이 그런 능력을 발휘할 수 있도록 도와준다. 왜냐하면 훌륭한 행정 능력과 최고의 정책도 추진하는 정치적 수완이 뒷받침되지 않는 한 쓸모없는 것이 되어버리기 때문이다.

## 166_ 다른 사람이 되려 하지 말라

"목표를 달성하는 최고경영자는 자신의 본연의 모습에 충실하려고 노력한다. 남과 같은 척하지 않는다는 말이다."

The effective executive tries to be himself; he does not pretend to be someone else.

∞

목표를 달성하는 경영자는 자신의 성과와 결과를 자세히 검토하고 그리고 자신만의 고유한 방식을 파악하려고 노력한다. 그는 다음과 같이 자문한다. "다른 사람들에게는 다분히 어려운 일로 여겨지는 것이지만, 나로서는 상대적으로 쉽게 할 수 있는 일로 보이는 것들은 무엇인가?"

가톨릭 수도회 중에 카르멜 수도회라는, 규칙이 매우 엄격한 봉쇄 수도회가 있다. 누군가가 그 수도회장에게 "규칙이 너무 엄격하지 않습니까?"라고 질문했다. 수도회장이 대답했다. "규칙이 엄격하니까 카르멜이지요."

## 167_ 선두주자와 평범한 사람의 격차

"세상사를 두루 살펴보면, 선두주자들과 평범한 사람들 사이의 거리는 항상 일정하다. 만약 선두주자의 성과가 올라가면 평범한 사람의 그것도 따라 올라갈 것이다."

In human affairs, the distance between the leaders and the average is a constant. If leadership performance is high, the average will go up.

∞

목표를 달성하는 최고경영자는 집단 전체의 평균적인 성과를 올리는 것보다는 단 한 명 선두주자의 성과를 올리는 것이 더 쉽다는 것을 알고 있다. 그러므로 집단의 목표를 달성하려면 지도자는 뛰어난 성과를 올리고 또한 선도적인 업적을 이룰 수 있는 강점을 가진 사람을 리더십 지위에, 그리고 표준을 설정하고 성과를 올리는 지위에 배치하는 것을 철칙으로 삼아야 한다.

## 168_ 최고경영자의 임무

"목표를 달성하는 최고경영자의 임무는 개개인이 가진 온갖 강점, 능력, 그리고 야망을 활용하여 조직의 전반적인 성취 능력을 크게 증가시키는 것이다."

The task of all top management is to multiply performance capacity of the whole by putting to use whatever strength, whatever health, whatever aspiration there is in individuals.

∞

최고경영자의 임무는 인간을 바꾸는 일이 아니다. 그보다는 차라리, 성경에 나오는 달란트(마태복음 25장 14~30절)의 비유처럼, 애당초 개개인의 타고난 능력은 다르다는 것을 인정하고, 개개인에게 능력에 걸맞는 업무를 맡기고는 시너지를 창출하는 것이다.

## 169_ 사람을 파악하는 데는 시간이 필요하다

"다른 사람들과 겨우 몇 분만의 시간을 할애하고서 그 사람을 판단하는 것은 간단히 말해 비생산적이다. 만약 다른 사람들에게 자신의 뜻을 전달하려면, 우리는 최소한 꽤 긴 시간을 할애해야만 한다."

To spend a few minutes with people is simply not productive. If one wants to get anything across, one has to spend a fairly large minimum quantum of time.

부하 직원과 함께 업무계획, 방향, 그리고 업무성과에 대해 논의하면서 15분만에 끝낼 수 있다고 생각하는 경영자는 자신을 속이고 있는 셈이다.

특히 다른 지식근로자와 관계된 일에서는 많은 시간이 필요하다. 이유가 무엇이든 간에—업무가 지식작업이어서 상사와 부하 사이에 직급이나 권위의 장벽이 없기 때문이든, 혹은 반대로 그것이 장애가 되기 때문이든, 아니면 단순히 그가 사물을 너무 심각하게 생각하기 때문이든 간에—지식근로자는 육체노동자와 비교하면 동료와 상사에게 훨씬 많은 시간을 투입해야 한다.

## 170_ 인사 결정은 천천히

"조직의 구성원이 많으면 많을수록, 인사문제에 대한 의사결정은 더욱 더 빈번해진다. 그러나 인사문제에 관한 성급한 의사결정은 대체로 잘못된 의사결정이 될 확률이 높다."

The more people there are in an organization, the more often does a decision on people arise. But fast personnel decisions are likely to be wrong decisions.

∞

올바른 인적자원관리 결정을 하기 위해서는 놀라울 정도로 많은 시간이 소요된다.

목표를 잘 달성하는 최고경영자들 가운데는 의사결정을 빨리 하는 사람도 있고, 반대로 시간을 두고 천천히 하는 사람도 있다. 그러나 인적자원관리에 관한 의사결정은 모두가 예외 없이 천천히, 그리고 최종 결정을 내리기 전에 몇 번이고 검토한다.

## 171_ 사람이 많은 것이 더 문제다

"정말이지, 어떤 일을 추진하는데 인력이 부족하여 애를 먹을 때가 있다. 그리고 어쨌든 일을 처리한다 해도 일의 진행에 차질이 생긴다. 그러나 그것은 일반적인 상황은 아니다. 보다 더 일반적인 사실은 오히려 인원이 너무 많아 목표를 달성하지 못한다는 것이다."

A work force may, indeed, be too small for the task. And the work then suffers, if it gets done at all. But this is not the rule. Much more common is the work force that is too big for effectiveness.

초등학교 수학 교과서에 이런 문제가 있다. "하수구를 파는데 두 사람이 이틀 걸렸다면, 네 사람으로 며칠 걸리는가?" 초등학생 정답은 물론 "하루 걸린다"가 된다. 그러나 같은 일을 하는데 있어 기업의 경영자에게는 정답이 아마도 "영원히"는 아니라 해도 "4일"쯤은 될 것이다.

인원이 너무 많은 경우, 그들은 일 자체보다는 그들 사이의 "상호 작용"에 더욱 더 많은 시간을 소비한다. 위원회를 만들고, 자료를 충분히 수집하고, 회의를 해야 하니까 말이다.

시간관리 Peter F. Drucker

## 172_ 시간이라는 자원

"시간은 독특한 자원이다. 시간은 빌릴 수도, 고용할 수도, 구매할 수도, 혹은 더 많이 소유할 수도 없는 것이다."

Time is a unique resource. One cannot rent, hire, buy, or otherwise obtain more time.

∞

다른 주요 자원들 가운데서도, 자본은 실질적으로 꽤 풍부하다. 요즘과 같이 수명이 늘어나고 연기금이 확대되는 경우 특히 그렇다. 경제성장과 경제활동에 제약을 가하는 것은 자본의 공급이라기보다는 자본의 수요이다. 노동력에 관한 한, 비록 우수한 사람을 충분히 고용하기가 어렵지만 많이 고용할 수는 있다. 그러나 개개인이 가진 시간은 똑같다.

## 173_ 목표달성에는 시간관리가 핵심이다

"모든 일에는 시간이 필요하다. 시간이야말로 단 하나의 참다운 보편적인 조건이다."

Everything requires time. It is the one truly universal condition.

❦

모든 일은 시간 속에서 일어나고 그리고 시간을 소모한다. 그런데도 대부분의 사람들은 이 독특한, 대체 불가능한, 필수적 자원을 당연히 무한하게 있는 것으로 취급한다. 아마도, 목표를 달성하는 지식근로자를 그렇지 않은 사람과 구분짓는 중요한 특성으로써 충실한 시간 관리만한 것은 없다.

요컨대 시간이란 일의 시작(행동)과 일의 마무리(반응) 사이의 거리이다.

## 174_ 머리가 나쁘면 손발이 바쁘다

"동유럽 슬라브계 농부들 사이에 다음과 같은 속담이 있다. '발로 다하지 못할 일은 머리를 사용해서 해라.' 현장 작업자들, 기계공들, 그리고 사무원들의 업무가 한층 더 쉬워질수록, 지식근로자들의 업무는 더욱 더 많아질 것이다."

The Slavic peasant of Eastern Europe used to have a proverb: "What one does not have in one's feet, one's got to have in one's head." The easier we make it for rank-and-file workers, machine tenders as well as clerks, the more will have to be done by the knowledge worker.

∞

이 속담은 에너지 보존의 법칙을 멋지게 바꾸어 표현한 것으로 봐도 된다. 오히려 그것은 무엇보다도 "시간 보존의 법칙"과 비슷한 것이다. 우리가 "다리로 하는 일"의 시간을 제거하면 할수록, "머리를 사용해서 하는 일"에 더 많은 시간을 할애해야만 할 것이다. 다시 말해 물리적 육체적 작업을 줄이면 줄일수록 지식 작업을 늘려야만 한다.

## 175_ 거절하는 법을 배워라

"만약 어떤 활동이 자신이 속해 있는 조직, 자기 자신, 또는 그 활동의 결과물들을 사용하는 조직에 아무런 공헌을 하지 않는다면, 그가 꼭 해야 할 것은 '아니오'라고 거절하는 방법을 배우는 일이다."

All one has to do is to learn to say "no" if an activity contributes nothing to one's own organization, to oneself, or to the organization for which it is to be performed.

∽

하지 않아도 아무런 문제가 없을 일을, 그 바쁜 경영자들이 얼마나 많이 하고 있는지 알면 놀라울 따름이다. 예를 들면, 바쁜 경영자들의 시간을 터무니없이 많이 빼앗아가는 무수히 많은 연설, 만찬, 위원회, 각종 회의 참석 등이 있는데, 이런 것들은 지식근로자들에게는 조금도 즐거운 일이 아니고, 또 잘하는 것도 아니다. 마치 고대 이집트시대 하늘이 내리는 (홍수, 메뚜기떼 등과 같은) 천벌처럼 해마다 되풀이되는, 인내심을 갖고 견디어내야만 하는 그런 일들이다. 그러나 돌이켜 생각해 보면 그 가운데 많은 것들은 애당초 참석하지 않아도 되는 것들이다.

## 176_ 급한 것부터 먼저

"의사의 경우 그때그때 발생하는 사건에 따라 치료활동을 하는 것이 타당하다. 불면증을 호소하는 환자에게는 우선 잠을 자도록 해주어야 한다."

Depending on the flow of events is appropriate for the physician. When the patient says, "Doctor, I can't sleep." The physician has to do something to help the patient to get a rest first of all.

∞

의사가 진찰실에 들어오는 환자에게 "오늘은 어디가 아파서 왔습니까?"하고 물을 때면, 의사 자신이 할 일이 무엇인지를 환자가 말해줄 것으로 기대한다. 만약 환자가 "의사 선생님, 저는 잠을 잘 수가 없습니다. 지난 3주일 동안 한잠도 자지 못 했습니다"라고 한다면, 그 환자는 의사가 우선적으로 취해야 할 일을 가르쳐주는 셈이다. 비록 의사가 정말 진단을 해본 결과, 그 불면증이 한층 더 심각한 병의 한 작은 증상에 지나지 않는다고 판단했다 해도, 의사는 우선 환자가 며칠 푹 잘 수 있도록 조치해야 할 것이다.

## 177_ 중요한 것만 하라

"자질구레한 일들이라도 모두 하지 않으면 큰 문제를 일으킬 위험이 있다는 생각이 망상에 불과하다는 것은, 중병을 앓고 있는 환자 또는 중증 장애자가 종종 놀라울 정도로 성과를 발휘하는 것을 보면 잘 알 수 있다."

The best proof that the danger of overpruning is a bugaboo is the extraordinary effectiveness so often attained by severely ill or severely handicapped people.

∞

한 가지 좋은 예가 제2차 세계대전 당시 프랭클린 루즈벨트 대통령의 측근 참모였던 해리 홉킨스(1890~1946)에 관한 이야기이다. 죽음을 앞둔, 그래서 걷는 것조차도 고통스러울 정도로 거의 빈사상태였던 그는 하루 건너 겨우 몇 시간 정도 일할 수 있을 뿐이었다. 따라서 그는 진실로 중요한 일 이외에는 모두 제외할 수밖에 없었다. 그러나 그것 때문에 그는 업무수행 능력을 조금도 저하시키지 않았다. 윈스턴 처칠이 홉킨스를 "중요한 일만 처리하는 도사"라고 극찬했듯이, 그는 전시 워싱턴의 어느 누구보다도 많은 일을 했다.

## 178_ 회의는 시간 낭비의 요인이다

"시간 낭비의 한 가지 요인은 조직구조상의 결함이다. 그 징후가 바로 회의를 매우 빈번히 개최하는 것이다."

One common time-waster is malorganization. Its symptom is an excess of meetings.

∞

모든 회의는 또 다른 소규모의 많은 회의를 유발한다. 따라서 회의는 정해진 방향대로 의도적으로 끌고갈 필요가 있다. 정해진 방향이 없는 회의는 단순히 성가신 것으로 끝나지 않고, 위험한 것이다. 어쨌든, 회의는 당연히 하는 것이 아니라 예외적으로 하는 것이어야 한다. 모든 사람들이 끊임없이 회의만 하는 조직은 무엇 하나 제대로 하는 사람이 없는 조직이다. 스케줄표가 회의로 가득찬 조직은 시간을 낭비하는 결함 많은 조직이다.

## 179_ 시간을 통합하고 마감시간을 정해두어라

"비록 하루의 4분의 3을 일을 한다 해도, 만약 그것들이 오직 여기 15분, 저기 30분하는 식으로 투입할 수밖에 없다면 아무런 쓸모가 없는 것이다. 그리고 만약 마감일을 지키지 못하게 되면, 자신도 모르게 또 다시 시간을 낭비하고 만 것이다."

Even three quarters of the working day are useless if they are only available as fifteen minutes here or half an hour there. When he finds his deadlines slipping, he knows his time is again getting away from him.

∞

목표달성을 매우 잘하는 사람은 두 가지 업무 목록을 갖고 있다. 하나는 긴급한 것 그리고 다른 하나는 내키지는 않으나 해야만 할 일로서 둘 다 마감일을 정해두고 있다.

목표달성을 잘하는 사람들은 자신의 자유재량 시간을 통합해야 한다는 것을 알고 있다. 그들은 방해받지 않는 상당히 연속적인 시간을 필요로 하며, 자투리 시간은 아예 쓸모가 없다. 심지어 근무 시간의 4분의 1만이라도 길게 연속적으로 사용하기만 하면, 중요한 일을 하기에 대체로 충분한 시간이 된다.

## 180_ 아침 시간을 활용하라

"목표달성을 잘하는 최고경영자들은 매일 아침 출근하기 전에 90분씩 전화 연결도 안 된 서재에서 일을 하는 버릇이 있다. 확실히 중년의 경영자들과 나이가 많은 경영자들은 일찍 자고 일찍 일어나는 편이 더 낫다."

The most effective executives spend ninety minutes each morning before going to work in a study without telephone at home. Certainly those of middle age or older are better off going to bed earlier and getting up earlier.

∞

비록 이 방법은 제 시간에 출근해야 하는 것을 감안하면 아침 일찍부터 일해야 한다는 것을 의미하지만, 중요한 일을 해치우기에는 가장 좋은 방법이다. 중요한 일을 저녁에 집에 갖고 와서 저녁식사를 한 뒤에 3시간을 끙끙거리는 것보다는 낫다. 저녁을 먹은 후 대부분의 최고경영자들은 너무나 피곤해서 온전한 정신으로 일을 하기가 쉽지 않다.

## 181_ 너 자신의 시간을 알라

"사람은 원하기만 한다면, '너 자신의 시간을 알라'라는 명제를, 얼마든지 따를 수 있고, 그 결과 조직에 공헌하고 또 목표달성 능력을 향상하게 된다."

Everyone can follow the injunction "Know Thy Time" if he wants to, and be well on the road toward contribution and effectiveness.

⸻

반면 "너 자신을 알라"(Know Thy Self) 라는 그리스 시대의 오래된 지혜의 처방은, 죽음을 면치 못하는 운명이 지워진 우리들 인간에게는 거의 불가능할 정도로 어려운 것이다.

## 182_ 사전에 검토하는 습관을 길러라

"목표를 달성하는 경영자들은 회의, 보고서, 혹은 설명회로부터 무엇을 얻어야 할 것인가를, 그리고 그런 상황이 전개된 목적이 무엇인지 또는 무엇이어야만 하는가를 사전에 검토한다."

Effective executives know what they expect to get out of a meeting, a report, or a presentation and what the purpose of the occasion is or should be.

∽

목표를 달성하는 사람들은 스스로 자문한다. "우리가 회의를 개최하는 이유가 무엇인가? 무슨 결정을 하려는가? 무슨 정보를 알려주려는 것인가? 우리가 해야 할 일을 스스로 확인하려는 것인가?"

그들은 회의를 소집하기 전에, 보고서를 제출하기 전에, 혹은 설명회가 개최되기 전에, 그 목적에 대해 철저히 생각하고 그리고 일일이 검토해 보라고 주장한다. 그들은 모든 회의는 자신들이 몰입해야 할 목적에 도움이 되어야 한다고 강조한다.

국가경쟁력 Peter F. Drucker

## 183_ 정부기관은 영원하지 않다

"정치학은 정부가 하는 것이면 무엇이든 간에 인간사회의 본성에 근거를 두고 있고, 따라서 '영원하다'는 케케묵은 전제에 여전히 근거를 두고 있다."

Politics is still based on the age-old assumption that whatever government does is grounded in the nature of human society and therefore "forever".

∞

세계를 보는 관점과 인식 방법에 있어 최근의 근본적인 변화들 가운데 하나로서, 진정 획기적인 한 전환은 정부의 정책들과 정부기관들은 애초에 신이 만든 것이 아니라 인간이 만든 것이라는 사실을, 그러므로 그것들과 관련된 한 가지 분명한 것은, 그것들은 꽤나 빠른 속도로 진부화된다는 사실을 인식한 것이다.

그런데도, 정치학에서는 정부는 영원하다고 생각한다. 그 결과, 정부가 수행하고 있는 오래된 것, 쓸모가 없는 것, 더 이상 생산적이 아닌 것들을 제거할 수 있는 정치적 메커니즘이 지금까지도 없는 것이다.

## 184_ 한시법

"한시법은 제 기능을 다하지 못하고 있다. 그 이유는 부분적으로 정부기관 또는 법률이 언제 역기능적으로 되는지에 대한 객관적 기준이 아직 없기 때문이고, 부분적으로는 지금까지 폐기에 대한 조직적 절차가 없기 때문이다."

Sunset laws have not worked, in part because there are no objective criteria as to when an agency or a law becomes dysfunctional; in part because there is so far no organized process of abandonment.

∞

최근 미국에서는 "한시법"이 대거 등장하고 있는데, 이 법은 정부기관 혹은 공공법률이 일정 기간이 지나 특별히 다시 연장되지 않는 한 자동적으로 폐기된다고 규정하고 있다. 그러나 이런 법률들은 제 기능을 다하지 못하고 있다. 아마도 대개는, 비록 비효과적인 법률 또는 정부기관이었지만, 그것들이 원래 해결하려고 했던 문제를 처리해 줄 새로운 혹은 다른 방법을 우리가 아직 개발하지 못했기 때문일 것이다.
"한시법"이 의미가 있고 또 목적을 달성하도록 하기 위해 원칙과 프로세스 둘 다를 개발하는 것은 우리가 당면하고 있는 중요한 사회적 혁신들 가운데 하나이다.

## 185_ 자본축적을 위한 조세정책

"기업가사회와 기업가경제는 자본축적을 촉진하는 조세정책을 필요로 한다."

An entrepreneurial society and economy require tax policies that encourage the formation of capital.

∞

일본의 성장 "비결" 중 하나는 일본이 자본축적을 위한 "조세회피"를 공식적으로 인정한 것에 있다. 법적으로 일본의 성인은 이자 소득세가 감면되는 저축을 1인 1계좌 갖는 것이 허용된다. 그러나 실질적으로 일본에는 그런 계좌의 수가 미성년자들을 포함한 모든 일본인구보다도 5배나 된다. 물론 이것은 각종 언론들과 정치가들이 정기적으로 비난하는 "문제"이다. 하지만 일본은 그런 "남용을 막는" 어떤 정책을 세우지 않기 위해 애쓰고 있다. 그 결과 일본은 세계에서 가장 높은 자본축적율을 기록하고 있다.

기업가 시대에 경쟁력을 유지하기 바라는 국가라면 일본이 모순된 방법으로 행하고 있는 것과 같은 조세정책, 즉 자본축적을 촉진하는 조세정책을 이런저런 방식으로 개발해야만 할 것이다.

## 186_ 국가의 생존 조건

"복지국가는 고령 인구와 출산율 저하라는 인구통계적 도전에도 불구하고 살아남을지도 모르겠다. 그러나 복지국가는 오직 기업가적 경제가 생산성 향상에 크게 성공하는 경우에만 살아남을 수 있을 것이다."

The modern welfare state may survive despite the demographic challenges of an aging population and a shrinking birthrate. But it will survive only if the entrepreneurial economy succeeds in greatly raising productivities.

∞

기업가사회의 등장은 역사상 중대한 전환점이 될지도 모른다. 1873년에 세계적으로 확산된 공황은 1776년 애덤 스미스의 〈국부론〉의 출판과 더불어 시작된 자유방임의 한 세기에 종지부를 찍었다.

1873년의 세계 공황 속에서 현대 복지국가가 태어났다. 그로부터 100년 뒤, 복지국가는 모두가 알고 있는 바와 같이 지금 거의 그 수명을 다했다. 더 나아가 여전히 우리는 복지국가라는 거대한 건축물에 몇몇 작은 건물들을 추가할 수도 있을 것이며, 이곳에 방 하나를 그리고 저곳에 새로운 혜택을 제공할 수 있을지도 모른다. 그럼에도 불구하고 복지국가는 미래라기보다는 과거이다.

## 187_ 첨단기술을 국가경쟁력으로 연결시키기 위한 전제조건

"첨단기술이 경쟁력을 확보하려면 기업가적 비전과 가치를 가진, 벤처 자본에 접근할 수 있는, 그리고 기업가적 정력이 넘치는 혁신가와 기업가로 가득 찬 경제가 먼저 존재해야 한다."

There must be an economy full of innovators and entrepreneurs, with entrepreneurial vision and entrepreneurial values, with access to venture capital, and filled with entrepreneurial vigor for a high-tech to be viable.

오늘날 경제적으로도 사회적으로도 강국이 되려면 정보기술이든, 바이오기술이든, 혹은 자동화기술이든 간에 첨단기술 분야에서 우위를 점해야만 한다. 첨단기술은 정말이지 칼날이다. 그러나 칼이 없이는 칼날이 있을 수가 없다.

시체에 건강한 두뇌가 존재할 수 없는 것처럼 첨단기술 그 자체만으로는 경쟁력을 확보할 수가 없다. 첨단기술이 경쟁력을 확보하려면 기업가적 경제가 먼저 확립되어야 한다.

이윤·고객·가격·품질　　Peter F. Drucker

## 188_ 이윤의 원천

"이윤은 남다른 현명함에서 나오는 것이 아니라 남다른 어리석음에서 나온다. '고객이 정말로 구입하는 것은 무엇인가?'라고 생각하는 사람이면 게임에서 이길 수 있다."

Profits are not made by differential cleverness, but by differential stupidity. Anyone who can think the question, "What does the customer really buy?" will win the race.

∞

이론 경제학의 아버지 다비드 리카도(1772~1823)는 언젠가 "이윤은 남다른 현명함에서 나오는 것이 아니라 남다른 어리석음에서 나온다"라고 말했다고 한다. 어떤 기업의 전략이 효과를 발휘하는 것은, 그 전략이 우수해서 그런 것이 아니라, 대부분의 다른 공급자들이, 그리고 공공서비스 기관들이 깊이 생각을 하지 않기 때문이다. 전략은 정확히 너무나 "당연하기 때문에" 효과를 발휘한다. 그런데도, 왜 그런 전략들이 그다지도 드문가? "고객이 정말로 구입하는 것은 무엇인가?"라고 생각하는 사람이면 제대로 된 전략을 수립할 수 있다.

## 189_ 비합리적 고객

"(경제학자, 심리학자, 그리고 윤리학자가 그런 것처럼) 제조업자들은 '비합리적인 고객'에 대해 항상 불평이 많다. 그러나 세상에 '비합리적인 고객'이라는 것은 없다. 옛말 그대로, 있다면 그것은 '오직 게으른 제조업자뿐'이다."

Manufacturers are wont to talk of the "irrational customer" (as do economists, psychologists, and moralists). But there are no "irrational customers." As an old saying has it, "There are only lazy manufacturers."

∞

고객은 합리적으로 행동한다고 가정하지 않으면 안 된다. 그리고 고객의 현실은 대체로 제조업자의 그것과는 상당히 다르다. 고객이 구입하는 것이면 그것이 무엇이든 간에 고객의 현실에 맞도록 해야 하며, 그렇지 않으면 고객에게 아무런 소용이 없다.

# 190_ 가격

"가격은 공급자의 '원가'에 맞추는 것이 아니라 고객이 인정하는 '가치'에 따라 정해져야 한다."

Price charges for what represents "value" to the customer rather than what represents "cost" to the supplier.

∞

대부분의 공급자들은, 공공서비스 기관도 마찬가지지만, 가격설정을 전략으로 간주한 적이 없었다. 그러나 가격설정은 공급자가 만든 것에 대해 값을 치르는 것이 아니라, 고객 자신이 구입하는 것, 예컨대 한 번의 면도와 한 장의 서류 복사 서비스에 대한 대가를 지불하는 것이다. 즉, 가격이 어떻게 지불되는가 하는 것은 소비자의 필요와 현실에 맞게 설정되어야 한다는 말이다.

## 191_ 품질

"어떤 제품 또는 서비스에 있어 '품질'이라는 것은 공급자가 만들어 넣는 것이 아니다. 그것은 고객이 느끼는 것이고 그리고 고객이 기꺼이 대가를 지불하려고 하는 대상이다."

Quality in a product or service is not what the supplier puts in. It is what the customer gets out and is willing to pay for.

∞

어떤 제품이 "품질"이 높다는 것은, 제조업체들이 일반적으로 생각하고 있는 것처럼, 그 제품이 만들기가 힘들고 또 비용이 많이 들기 때문이 아니다. 만들기가 힘들고 또 비용이 많이 든다는 것은 그 기업이 무능하기 때문이다. 고객들은 오직 자신들에게 소용이 있고 또 가치를 제공하는 것에 대해 기꺼이 대가를 지불한다. 그 이외 다른 아무 것도 "품질"을 구성한다고 할 수 없다.

경영혁신  Peter F. Drucker

## 192_ 경영혁신의 정의

"경영혁신은 기존의 자원이 부(富)를 창출하도록 새로운 능력을 부여하는 활동이다. 정말이지, 혁신 그 자체가 새로운 자원을 창출한다."

Innovation is the act that endows resources with a new capacity to create wealth. Innovation, indeed, creates a resource.

∞

기업가들은 경영혁신을 실천한다. 인간이 어떤 자연 그대로의 것에 대해 새로운 용도를 찾아내고는 그것에 경제적 가치를 부여하기 전까지는 "자원"이라고 말할 그런 것은 아예 존재하지 않는다. 그때까지는 모든 식물은 잡초이고, 모든 광석은 단지 하나의 돌덩어리일 뿐이다. 200년 전 텍사스의 들판에서 나오는 석유는 농부에게는 돈이 아니라 토양을 망치는 성가신 존재였다.

"혁신"은 기술적 용어라기보다는 경제적 용어 또는 사회적 용어이다. J. B. 세이가 기업가정신을 정의한 방식에 따르면, 혁신이란 자원의 생산성에 변화를 가져오는 활동이라고 정의할 수 있다. 혹은 현대 경제학자들이 좋아하는 방식대로, 혁신은 공급 측면보다는 수요 측면을 강조하여 정의를 내릴 수 있다. 즉 소비자가 자원으로부터 획득하는 가치와 만족을 바꾸는 활동으로 규정할 수 있다.

## 193_ 경영혁신은 기업가가 사용하는 실천적인 도구이다

"경영혁신은 기업가(entrepreneur)가 사용하는 고유한 도구인데, 기업가는 시대의 변화를 틈타 다른 사업이나 서비스를 제공하기 위한 기회를 찾는 수단으로 경영혁신을 활용한다. 경영혁신은 하나의 이론으로서, 배울 수 있으며 또한 실천할 수 있는 것이다."

Innovation is the specific tool of entrepreneurs, the means by which they exploit change as an opportunity for a different business or a different service. It is capable of being presented as a discipline, capable of being learned, capable of being practiced.

∞

모든 실천적 행동은, 심지어 비록 행위자가 미처 그것을 깨닫지 못하는 경우도 많지만, 이론에 근거를 두고 있다.

기업가들은 경영혁신의 원천을 의도적으로 탐색할 필요가 있으며, 성공적인 경영혁신을 위한 기회를 암시하는 변화와 그 징후도 모색할 필요가 있다. 그리고 기업가는 성공적인 경영혁신의 원칙을 알고 또 적용할 필요가 있다.

## 194_ 경영 그 자체가 주요 혁신이다

"경영, 즉 경영자가 (경영자라는 한 개인이) 여러 다른 기술과 지식을 가진 많은 생산적인 사람들을 하나의 '조직'에 모으고 그들을 함께 작업을 시키는 과업을 처음으로 가능하게 해준 '실용적 지식'은 20세기가 창출한 혁신이다."

Management, that is, the "useful knowledge" that enables a manager (a man called a manager) for the first time to render productive people of different skills and knowledge working together in an "organization", is an innovation of 20th century.

∞

경영은 현대 사회를 전혀 새로운 다른 사회로 바꾸었다. 그것도 정치이론이나 사회이론에도 없는 다른 것으로 바꾸었다. 즉 사회를 조직사회(society of organizations)로 그리고 경영자 사회(managerial society)로 바꾸어 놓았다.

## 195_ 경영혁신이란 변화를 목표지향적으로 활용하는 것

"체계적 경영혁신은 변화를 목표지향적으로, 그리고 조직적으로 탐색하고, 그런 변화가 초래할 수 있는 경제적 혁신기회 혹은 사회적 혁신기회를 체계적으로 분석하는 활동이다."

Systematic innovation consists in the purposeful and organized search for changes, and in the systematic analysis of the opportunities such changes might offer for economic or social innovation.

∞

새롭고도 다른 것을 할 수 있도록 기회를 제공하는 것이 곧 변화이다. 성공적인 경영혁신의 내용을 보면 압도적 다수가 변화를 활용한다. 분명, 혁신 그 자체가 주요한 변화인 경우도 있다. 라이트 형제가 발명한 비행기가 그런 예이다. 하지만 그런 것은 예외이고, 게다가 상당히 특수한 예이다.

성공적인 혁신들 대부분은 생각보다 훨씬 더 평범한 것으로, 그것들은 흔히 일어나는 변화를 활용한 결과이다. 따라서 경영혁신의 기본 원칙은 체계적인 현상진단 원칙이다. 즉 기업가적 기회를 제공하는 변화들을 체계적으로 검토하는 것이다.

## 196_ 성공적인 혁신가의 모습

"성공적인 혁신가들 대부분은 낭만적인 인물이 아닐 뿐더러 '위험'을 향해 돌진하기는커녕, 몇 시간 동안 현금흐름 분석표를 들여다보고 꼼꼼히 따져보는 사람들이다."

Most of innovators in real life are unromantic figures, and much more likely to spend hours on a cash-flow projection than to dash off looking for "risks".

∽

성공적인 혁신가의 대표적 모습은 헐리우드가 만든 슈퍼맨과 원탁의 기사를 합한 사람처럼 보인다. 사실 그들의 실생활을 보면 따분하기 그지없는 평범한 사람이다. 워렌 버핏이 그런 모습의 대표적인 사람이다.

물론, 혁신에는 위험이 따른다. 그러나 슈퍼마켓에 가서 빵을 사기 위해 자동차를 타는 것마저도 강도를 만나는 위험을 초래할 수 있다. 본질적으로 모든 경제활동은 "큰 위험"을 동반하는 법이다. 그리고 어제의 것을 지키는 일은 혁신활동은 아니지만, 그것은 내일을 창조하는 일보다 위험이 훨씬 더 크다.

## 197_ 성공적인 혁신의 세 가지 조건

"혁신을 성공적으로 추진하는 데는 세 가지 조건이 있다. 첫째, 혁신은 고된 작업이다. 둘째, 혁신가는 자신의 강점을 바탕으로 하지 않으면 안 된다. 셋째, 혁신은 시장 지향적이어야 한다."

There are three conditions to innovate successfully. First, innovation is hard work. Second, to succeed, innovators must build on their strengths. Third, therefore innovation always has to be market-driven.

∞

혁신은 작업이다. 혁신은 지식을 필요로 한다. 때로는 위대한 발명의 재능을 요구하기도 한다. 그러나 궁극적으로 혁신은 열성적인, 초점을 맞춘, 의도적인 작업이다. 그런 작업은 근면성, 집념, 그리고 책임감을 요구한다.

혁신에 성공하려면, 혁신가는 자신의 강점을 바탕으로 하지 않으면 안 된다. 성공적인 혁신가는 넓은 시야를 갖고 혁신의 기회를 탐색해야만 된다. 혁신은 경제와 사회, 그리고 모든 사람들의 행동에 변화를 준다. 그러므로 혁신은 늘 시장과 가까이서 추진해야 한다.

## 198_ 지식에 기초한 경영혁신

"사람들이 경영혁신이라고 말할 때 일반적으로 의미하는 것이 바로 지식에 기초한 경영혁신이다."

Knowledge-based innovation is what people normally mean when they talk of innovation.

∞

지식에 기초한 경영혁신은 기업가정신을 발휘하는 방법으로서는 "최상급의 혁신"이다. 그것은 매스컴을 탄다. 그것은 돈이 된다. 물론, 지식에 기초한 경영혁신이 모두 하나같이 중요한 것은 아니다. 어떤 것들은 정말 사소한 것에 지나지 않는다. 그러나 역사적으로 몇 안 되는 중요한 경영혁신들 가운데 지식에 기초한 경영혁신들은 높은 자리를 차지한다.

지식에 기초한 사회적 혁신들도 기술적 혁신과 마찬가지로 혹은 심지어 더 큰 영향을 준다.

## 199_ 지식에 기초한 경영혁신과 타이밍

"지식에 기초한 경영혁신이 성공을 거두기 위해서는 '때가 되어야' 한다. 사회 혹은 고객이 지식에 기초한 경영혁신을 받아들일 때가 되어야만 한다는 말이다."

To be successful, a knowledge-based innovation has to be "ripe"; there has to be receptivity to it.

∞

다른 모든 혁신들은 이미 일어난 변화를 이용한다. 그것들은 이미 존재하는 욕구를 만족시킨다. 그 반면, 지식에 기초한 경영혁신은 그 자체가 변화를 가져온다. 지식에 기초한 경영혁신이 노리는 것은 새로운 욕구를 창출하는 것이다. 그리고 고객이 그것을 수용할지, 무관심할지, 혹은 적극적으로 거부할지 아무도 미리 예측할 수가 없다.
  이런 위험은 지식에 기초한 경영혁신에 내재된 것이고, 그리고 정말이지 지식에 기초한 경영혁신에 내재된 힘이 발휘하는 기능이기도 하다.

## 200_ 시장에 초점을 맞춘다

"혁신이란 시장 혹은 사회를 변화시키는 것이다. 그것은 고객에게 보다 큰 이익을 안겨주는 것이고, 사회가 보다 큰 부의 창출 능력을 갖도록 하는 것이고, 그리하여 보다 큰 가치 혹은 더 큰 만족을 제공하는 것이다."

An innovation is a change in market or society. It produces a greater yield for the user, greater wealth-producing capacity for society, higher value or greater satisfaction.

∽

고객의 입장, 즉 고객의 효용과 가치와 현실을 감안하여 기업가적 전략을 세운다면 성공할 확률은 더욱 더 높다. 혁신의 성공 여부는 고객에게 무엇을 제공했는가 하는 것으로 언제나 판가름 난다. 따라서 기업가정신은 항상 시장에 초점을 맞추어야 하고, 정말이지 시장 지향적이어야 할 필요가 있다.

경영혁신의 원천  Peter F. Drucker

## 201_ 체계적 경영혁신 활동의 기회를 제공할 7가지 원천

"혁신 기회를 탐색하기 위한 원천들로는 7가지가 있는데, 첫 번째 부류의 원천들 네 가지는, 기업 혹은 산업 내부에 존재하는 것이다: 1) 예상하지 못했던 것들―예상치 못했던 성공과, 예상치 못했던 실패. 2) 불일치―실제로 발생한 현실과 발생되리라고 가정되었던 현실. 3) 프로세스의 필요에 기초한 경영혁신. 4) 산업구조 혹은 시장구조의 변화―아무도 모르는 사이 일어난 변화.

혁신 기회를 탐색하기 위한 두 번째 부류의 원천들 세 가지는 기업 혹은 산업의 외부에서 발생하는 변화이다: 5) 인구구조의 변화 6) 인식, 분위기, 그리고 의미의 변화. 7) 새로운 지식―과학 분야의 지식 및 비과학 분야의 지식."

There are seven resources for innovation opportunities, first four areas of innovation opportunities exist witken a company or industry: 1) Unexpected occurrences 2) Incongruity 3) Process Needs 4) Industry or market changes

Second three areas of innovation opportunities exist outside a company or industry, in its social and intellectual environment: 5) Demographic changes 6) Changes in perception 7) New knowledge

## 202_ 예상치 못했던 성공의 활용

"예상치 못했던 성공은 단지 혁신을 위한 기회로만 그치는 것이 아니다. 그것은 혁신을 추진하지 않을 수 없게 한다. 그것은 기업가들로 하여금 다음과 같이 질문하도록 한다. '우리 조직이 그 사업을, 그 기술을, 그리고 그 시장을 규정하는 데에 있어, 지금 우리 조직은 어떤 기본적인 변화들이 필요한가?' 만약 이런 질문에 대해 적절히 대응하게 되면, 그 다음에는, 예상치 못했던 성공은 모든 혁신 기회들 가운데 가장 성과가 크고 그리고 가장 위험이 적은 기회를 안겨줄 가능성이 크다."

The unexpected success is not just an opportunity for innovation. It demands innovation. It forces us to ask, "What basic changes are now appropriate for this organization in the way it defines its business? Its technology? Its markets?" If these questions are faced up to, then the unexpected success is likely to open up the most rewarding and least risky of all innovative opportunities.

∞

1950년대 초 가정용품의 매출이 증가하기 시작하자, 블루밍데일 백화점은 이 예상치 못한 성공을 기회로 활용했다. 블루밍데일은 뭔가 예상치 못한 일이 일어나고 있다는 것을 깨닫고는 그것을 분석했다. 블루밍데일은 그 뒤 가정용품 백화점으로서 시장에서 새로운 위치를 구축했다.

## 203_ 예상치 못했던 것을 거부하는 이유

"경영자들이 예상치 못했던 성공을 쉽게 수용하지 못하는 한 가지 이유는, 우리 모두는 상당히 오랫동안 지속된 어떤 현상을 보고는 그것을 '정상적'이고 그리고 앞으로도 '영원히' 지속될 것이라고 믿는 경향이 있기 때문이다".

One reason why it is difficult for management to accept unexpected success is that all of us tend to believe that anything that has lasted a fair amount of time must be "normal" and go on "forever."

∞

우리가 오랫동안 자연 법칙이라고 믿었던 것과 모순되는 어떤 것이 등장하면, 그때는 그것이 무엇이든 간에 불합리한 것으로, 건강하지 않은 것으로, 그리고 분명 비정상적인 것으로 거부하는 경향이 있다. 혁신은 지금까지 정상적인 것으로 인식해왔던 것을 거부하는 것에서부터 출발한다.

## 204_ 예상치 못했던 것을 외면하게 되는 또 다른 이유

"예상치 못했던 성공을 외면하는 한 가지 다른 이유는 우리가 사용하는 기존의 보고제도가, 그런 사실에 대해 경영자가 주의를 기울이도록 경종을 울리는 것은 고사하고라도, 일반적으로 그것을 보고조차 하지 않기 때문이다."

Another reason for this blindness to the unexpected success is that our existing reporting systems do not as a rule report it, let alone clamor for management's attention.

모든 기업은, 그리고 모든 공공서비스 기관도 월별 혹은 분기별 보고서를 작성한다. 보고서의 첫 페이지는 실적이 예상보다 낮은 분야를 열거한다. 그곳에는 문제점들과 약점들을 나열한다. 그러므로 월별 경영자 회의와 이사회에서는 모두가 문제 분야에만 초점을 맞춘다. 회사가 예상보다 잘 한 분야에 대해서는 아무도 심지어 눈길조차 주지 않는다. 따라서 예상치 못한 성공을 경영혁신의 기회로 이용할 찬스를 놓치고 마는 것이다.

## 205_ 예상치 못했던 성공이 필요로 하는 것

"예상치 못했던 성공은 하나의 기회로써, 많은 것을 요구한다. 그것은 진지하게 다루어지기를 요구한다."

The unexpected success is an opportunity, but it makes demands. It demands to be taken seriously.

∽

예상치 못했던 성공 사례를 혁신으로 연결하려면 평범한 사람이 아닌, 조직에서 가능한 한 가장 우수한 사람을 배치할 것을 요구한다. 예상치 못했던 성공은, 그 기회의 중요성에 걸맞는 진지함과 지원을 경영자들이 제공해주기를 요구한다. 그리고 그 기회는 성공할 확률이 꽤나 크다.

## 206_ 불일치 현상을 활용한다

"불일치란 현재의 상태와 '당연히' 그래야 하는 것, 혹은 실제 현실의 모습과 모두가 그래야 한다고 가정하고 있는 현실의 모습 사이의 괴리이자 부조화이다."

An incongruity is a discrepancy, a dissonance, between what is and what "ought" to be, or between what is and what everybody assumes it to be.

∞

우리는 불일치가 발생한 이유를 잘 모를 수도 있다. 정말이지, 때로는 그 차이를 느끼지 못하는 경우도 많다. 그럼에도 불구하고, 어떤 불일치 현상이 나타나면 그것은 경영혁신의 기회가 왔음을 알리는 한 징후인 것이다. 지질학자의 용어로 표현하면, 그것은 지하에 "단층"이 있다는 것을 알려주는 것이다. 그런 단층은 바로 경영혁신을 위한 초대장이다. 그것은 불안정 상태를 가져오는데, 그런 불안정 상태에서는 비교적 작은 노력으로도 큰 것을 이동할 수 있으며, 그리고 경제의 모습 혹은 사회의 모습에 변혁을 초래할 수 있다.

"이런 불일치에서 무엇을 이용할 것인가? 어떻게 그것을 기회로 전환시킬 것인가? 무엇을 할 수 있는가?"라고 따져 보아야 한다. 경제적 현실들 사이의 불일치는 행동을 요구하는 하나의 신호이다.

## 207_ 프로세스 상의 필요성을 활용한다

"경영혁신 기회의 원천으로서 프로세스 상의 필요성은 막연하거나 일반적인 것이 아니라 구체적인 것이다. 예상치 못했던 것, 혹은 불일치와 같이 프로세스 상의 필요성은 어떤 기업, 어떤 산업, 혹은 어떤 서비스부문 내부에 존재한다."

Process need as innovative opportunity is not vague or general but quite concrete. Like the unexpected, or the incongruities, it exists within the process of a business, an industry, or a service.

∞

"프로세스 상의 필요성"은, 다른 혁신의 원천들과는 달리, 내부 환경이든 외부 환경이든 간에 환경 변화를 출발점으로 삼지 않는다. 그것은 마땅히 해야만 할 일을 기초로 시작한다. 그것은 상황에 초점을 맞추는 것이 아니라 과업에 초점을 맞춘다. 그것은 기존의 프로세스를 완성시키며, 결함이 있는 연결부분을 대체하며, 새로운 지식을 활용하여 기존의 낡은 프로세스를 다시 디자인한다. 때로는 그것은 "잃어버린 연결고리"(missing link)를 찾음으로써 프로세스를 완성시킨다.

프로세스 상의 필요성을 이용하기 위해서는 몇 가지 중요한 단서조건들이 있다. 그 필요성은 "이해될 수 있는 것"이어야 한다. 그것이 막연히 "느껴지는 것"만으로는 충분하지 않다는 말이다.

## 208_ 에디슨의 프로그램 연구

" '프로그램 연구'는 가능성이 있는 프로세스를 현실로 구현하는 작업에 종종 필요하다. 그러나, 그 필요성은 사회적으로 인식되어야만 하고, 그리고 무엇이 필요한지 파악하는 일이 가능해야만 한다. 프로세스 상의 필요성을 바탕으로 혁신을 추진한 대표적인 사람이 에디슨이었다."

"Program research" is often needed to convert a process from potential into reality. But, the need must be felt, and it must be possible to identify what is needed. The prototype innovator for this kind of process-need innovation was Edison.

∞

에디슨이 활동하던 무렵, 20여년 이내에 "전력산업"이 등장할 것이라는 사실을 모두가 알고 있었다. 그 기간의 마지막 5~6년 동안은 "잃어버린 연결고리"가 무엇인지도 매우 확실해졌다. 그것은 전구였다. 전구가 없이는 전력산업이 존재할 수 없었다. 에디슨은 이런 잠재적인 전력산업을 현실로 만들기 위해서 필요한 새로운 지식이 무엇인지를 파악하고는 연구에 돌입했고, 그리고 2년도 채 안 되어 전구를 발명했다.

## 209_ 프로그램 연구에 대한 오해

"프로그램 연구는 거창한 것으로 들리기도 한다. 많은 사람들에게 그것은 '사람을 달에 보낸다', 혹은 소아마비의 백신을 발견한다는 것으로 인식되고 있다. 그러나 프로그램 연구의 가장 성공적인 적용 사례는 규모가 작고 또 명확하게 규정되는 프로젝트들이다. 프로그램 연구의 범위가 좁을수록 그리고 보다 더 명백하게 초점을 맞출수록 한층 더 나은 성과를 얻게 된다."

Program research sounds big. To many people it means "putting a man on the moon" or finding a vaccine against polio. But its most successful applications are in small and clearly defined projects. The smaller and the more sharply focused the better.

∞

프로세스 상의 필요성에 기초하여 가장 성공한 단일 사례는 아마도 일본의 교통사고율을 거의 3분의 2나 감소시킨 아주 작은 혁신, 즉 고속도로의 반사경일 것이다.

## 210_ 산업과 시장 구조의 변화를 이용하라

"산업과 시장 구조는 실질적으로 꽤나 변하기 쉽다. 한 조그만 충격만으로도 산업과 시장 구조는 해체되며, 그것도 종종 매우 빠르게 진행되기도 한다."

Actually, market and industry structures are quite brittle. One small scratch and they disintegrate, often fast.

∽

산업과 시장 구조의 변화가 발생하면 해당 산업의 모든 구성원들이 대응하지 않으면 안 된다. 기존 사업을 과거와 같은 방식대로 지속하는 것은 거의 재난을 약속하는 것이고, 그리고 회사를 도산시키려고 작정한 것이나 진배없다. 적어도 회사는 자신이 누리던 지위를 상실하고 말 것이다. 선두주자의 자리는 일단 상실하고 나면 되찾는 것은 거의 불가능하다.

## 211_ 변화의 필요성을 예고하는 두 가지 지표

"산업구조에 있어 변화가 임박했다는 것을 거의 확실하게 알려주는, 매우 식별하기 쉬운 두 가지 지표가 있는데, 하나는 한 산업의 빠른 성장이고, 다른 하나는 여러 기술들의 통합이다."

Two near-certain, highly visible indicators of impending change in industry structure can be pinpointed through rapid growth of an industry and convergence of technologies.

∞

두 가지 지표들 가운데 더 신뢰할 수 있고, 또 찾기 쉬운 것은 산업의 빠른 성장이다. 빠르게 성장하는 한 산업이 매출 면에 있어 두 배로 성장할 무렵이 되면, 그 산업이 그 시장에 대해 인식하고 또 서비스해 왔던 과거의 방식은 적당하지 않은 것이 되어 있을 가능성이 크다. 만약 한 산업에 있어 사업하는 방식이 빠르게 변한다면, 그 산업은 기본적인 구조 변화를 필요로 할 만큼 성숙하게 된 것이다.

산업구조에 갑자기 변화를 초래하게 될 것으로 예측할 수 있는 다른 한 사태는 지금까지는 분명 다른 것으로 보였던 기술들이 통합하는 현상이다.

## 212_ 인식의 변화를 이용하라

"인식의 변화를 일으킨 원인이 무엇이든 간에 인식의 변화는 실질적으로 혁신의 기회를 창출해오고 있다."

Whatever the causes for the change in perception, it has created substantial innovative opportunities.

∽

인식의 변화의 한 예가 건강과 관련된 새로운 잡지 시장의 출현이다. 그 가운데 하나인 〈아메리칸 헬스〉(American Health)는 창간한지 2년 만에 발행부수 1백만 부를 돌파했다. 이 잡지는 전통적인 식품들이 치명적인 질병을 유발할지도 모른다는 우려를 활용하여 꽤나 많은 새로운 혁신적인 사업들을 창출했다.

## 213_ 인식의 변화는 본질을 바꾸지는 않는다

"인식의 변화가 일어나는 경우에도 본질은 변하지 않는다. 다만 의미만 변하는 것이다. 다시 말해 반쯤 물이 찬 컵을 보고 그것을 지금까지 '물 컵이 반 차 있다'로 보던 것이 지금부터 '물 컵이 반 비었다'로 그 의미만 변하는 것이다."

When a change in perception takes place, the facts do not change. Their meaning does. The meaning changes from "The glass is half full" to "The glass is half empty".

∞

만약 어떤 사람이 자신을 "노동계층"으로 보던 것에서 그 의미를 "중산층"으로 바꾸게 되면 자신의 사회적 지위와 경제적 기회를 매우 중요하게 생각한다. 이런 변화는 매우 빠르게 도래할 수도 있다. 다수의 미국인들이 자신을 "노동계층"에서 "중산층"으로 그 의미를 바꾸면서 그들은 소비계층이 되었다.

한국의 미래 경제를 어렵게 보고 중산층이 지갑을 닫는 것은 인식의 변화의 또 다른 예이다.

## 214_ '컵이 반이 찼다'와 '반이 비었다'의 차이

"수학에서는 '물 컵이 반 차 있다'와 '물 컵이 반 비어 있다'는 것 사이에는 차이가 없다. 그러나 이 두 문장의 의미는 전혀 다르고, 따라서 그 결과도 철저히 다르다."

In mathematics there is no difference between "The glass is half full" and "The glass is half empty." But the meaning of these two statements is totally different, and so are their consequences.

∽

만약 일반적인 인식이 반쯤 물이 담긴 물 컵을 "반이 찬 것"으로 보는 것에서 "반이 빈 것"으로 보는 것으로 변하면, 그 경우 주요한 혁신 기회가 존재한다. 여행중개회사 클럽메드가 성공의 좋은 예다.

그러나 인식의 변화를 미숙하게 이용하는 것보다 더 위험한 것도 없다. 우선, 인식의 변화처럼 보이는 것들 가운데 많은 것이 일시적인 유행현상으로 그치고 만다는 점이다. 그것들은 1, 2년 후에는 흔적도 없이 사라져 버린다. 컴퓨터 게임을 즐기는 아이들은 일시적인 현상이었다. 아타리(Atari) 같은 회사들은 그것을 인식의 변화로 생각하고 투자를 했지만 1, 2년을 버티지 못하고 도산하고 말았다.

## 215_ 타이밍이 핵심이다

"인식의 변화를 이용하는 경우 타이밍이 핵심이다. '창조적 모방'은 별로 효과를 보지 못한다. 첫 번째가 되어야만 한다는 말이다."

In exploiting changes in perception, timing is of the essence. "Creative imitation" does not work. One has to be first.

∽

그러나 인식의 변화가 일시적 유행으로 그칠지 혹은 지속적인 추세가 될는지 하는 것이 불확실하기 때문에, 그리고 그 결과가 진정 어떻게 나타날는지 모르기 때문에, 인식의 변화에 기초한 혁신은 처음에는 소규모로 출발해야만 하고 또 매우 구체적으로 시작해야만 한다.

## 216_ 현재를 위해 혁신하라

"미래를 위해 혁신을 하려고 노력하지 말라. 현재를 위해 혁신하라!"

Don't try to innovate for the future. Innovate for the present!

∞

혁신을 한다고 해서 무조건 독창적인 것을 하려고 노력해서도 안 된다. 다각화하지 말고, 분산시키지도 말고, 그리고 한꺼번에 너무 많은 것을 하려고 시도하지 말라. 물론, 이것은 "집중하라!"라는 혁신 원칙으로부터 나온 필연적 결과이다.

사업 활동의 핵심에서 벗어난 혁신은 산만해지기 쉽다. 그것들은 아이디어로서 머물고 혁신으로 연결되지 않는다. 혁신의 영향은 오랜 기간에 걸쳐 나타날 수도 있다. 20년이 지나서도 완전한 성숙기까지 이르지 않을지도 모른다. 혁신은 미래를 위해 하는 것이 아니라, 지금 필요한 것이다. 기업이 사라지고 나면 혁신이 무슨 소용이 있는가?

## 217_ 기업가적으로 경영해야 한다

"기존의 기업이 성공적인 혁신기업이 되기 위해서는, 그것이 대기업이든 또는 소기업이든 간에, 애당초부터 기업가적 기업으로서 경영되지 않으면 안 된다."

To be a successful entrepreneur, the existing business, whether large or small, has to be managed as an entrepreneurial business.

∞

급변하는 시대에, 혁신을 하려는 기업, 그리고 성공할 기회를 갖고 또 번영하기를 바라는 기업은 기업가적 경영 시스템을 자신의 시스템 내에 구축해야만 한다. 그런 기업은 조직 전반에 걸쳐 혁신하고자 하는 욕망을 유발할 정책, 그리고 기업가정신과 혁신의 습관을 조직 전반에 걸쳐 창출할 수 있는 정책을 도입하지 않으면 안 된다.

## 218_ 멋진 아이디어의 함정

"슬롯머신을 이길 어떤 '시스템'이 있다는 증거가 없듯이, '멋진 아이디어'를 끈질기게 추구하다 보면 결국 보상을 받는다는 믿음에 대한 경험적 증거는 사실상 없다."

There is actually no empirical evidence at all for the belief that persistence pays off in pursuing the "brilliant idea," just as there is no evidence of any "system" to beat the slot machines.

∞

몇몇 성공적인 발명가들은 오직 단 하나의 멋진 아이디어만을 성공시켰고 그 뒤로는 발명계에서 물러났다. 예컨대 지퍼의 발명자와 볼펜의 발명자가 그랬다. 그리고 세상에는 자신들의 이름으로 40개나 되는 특허가 있지만 그 중 하나도 사업적으로 성공시키지 못한 수백 명의 발명가들이 있다.

혁신가는 실천을 통해 자신의 아이디어를 개선한다. 그러나 오직 그들이 올바른 방법으로 실천할 때, 즉 그들의 활동을 혁신 기회의 원천들을 체계적으로 분석한 후 추진할 때 그것은 가능하다.

## 219_ 혁신가는 시야를 넓혀야 한다

"혁신가는 한정된 비전을 갖고 있으며, 사실 시야가 좁다. 혁신가는 다른 모든 분야는 보지 못하고, 자신이 잘 아는 분야만 본다."

The innovator has limited vision, in fact, he has tunnel-vision. He sees the area with which he is familiar, to the exclusion of all other areas.

∞

한 예가 DDT이다. 제2차 세계대전 중 열대 곤충과 기생충으로부터 미군을 보호하기 위해 개발된 DDT는 나중에 동물과 농작물을 곤충으로부터 보호하는 농업분야에서 가장 큰 용도를 발견하게 되었다(그것은 너무도 효과가 커서 결국에는 사용금지 처분이 내려졌다). 하지만 제2차 세계대전 중 DDT를 개발한 뛰어난 과학자들 가운데 누구도 DDT의 다른 용도를 미리 내다보지 못했다. 물론 그들은 파리가 옮기는 "여름" 설사 때문에 어린아이들이 죽는다는 것은 알고 있었다. 그들은 동물과 농작물이 곤충과 기생충으로부터 피해를 본다는 것도 알고 있었다. 그러나 그들은 그런 것에 관심이 없었다. 전문가로서 그들이 알고 있는 것은 열대 지방의 인간이 앓는 질병이었다. 따라서 엄청난 이익을 올릴 기회를 놓쳤다.

## 220_ 혁신의 결과는 원래의 의도와 다를 수 있다

"기업가들은 그들의 혁신이 무엇에 기여해야 하는지를 알고 있다. 그리고 만약 원래 의도와는 다른 용도가 발견되면 그들은 그것에 대해 불쾌하게 생각하는 경향이 있다."

Entrepreneurs know what their innovation is meant to do. And if some other use for it appears, they tend to resent it.

∞

그런 일이 바로 컴퓨터 산업에서 일어났던 것이다. 최초의 컴퓨터를 개발한 회사, 즉 유니박(Univac)은 자신의 거창한 기계가 과학연구용으로 개발되었다는 사실을 알고 있었다. 따라서 어떤 회사가 그것을 사무용으로 관심을 보였을 때 심지어 판매원조차 보내지 않았다.
IBM도 마찬가지로 컴퓨터는 과학연구를 위한 도구라고 확신하였다. IBM의 컴퓨터는 특히 천문학 계산 용도로 설계되었다. 그러나 IBM은 기업으로부터 주문을 받고 또한 그들을 고객으로 대접할 의사가 있었다. 그로부터 10년 후인 1960년경, 유니박은 여전히 최첨단의 그리고 최고의 컴퓨터를 생산하고 있었다. 그러나 세계 컴퓨터 시장을 장악한 것은 IBM이었다.

## 221_ 혁신의 기회는 조용히 다가온다

"혁신의 기회는 폭풍처럼 오는 것이 아니라 살랑거리는 미풍처럼 조용히 온다."

Innovative opportunities do not come with the tempest but with the rustling of the breeze.

∞

대체로 혁신의 기회는 어떤 일의 현상을 따라가는 도중에, 그리고 그것과 가까운 곳에서 발견된다. 혁신의 기회는, 계획가라면 누구나 당연히 취급하는 대량의 집합체에서 발견되는 것이 아니라 그것들과는 다른 일탈(逸脫)들로부터 발견된다. 예상치 못한 것에서부터, 불일치에서부터, 그리고 물이 반 쯤 차 있는 컵을 보고 "유리컵이 반 차 있다"거나 "유리컵이 반 비었다"라고 보는 인식 차이에서부터, 프로세스 상의 약한 연결고리에서부터 발견된다.

그 일탈이 "통계적으로 의미있는 것"이 되고, 그 결과 계획가의 눈에 뜨이게 되는 시점에 이르면, 그것은 혁신의 기회로서는 이미 한물가고 만다. 바꾸어 말해 혁신의 기회는 폭풍처럼 오는 것이 아니라 소리없이 온다.

## 222_ 비공식적 상향식 회합도 필요하다

"대규모 회사에게 특히 중요한 것은, 비공식적이지만 미리 계획되고 잘 준비된 모임을 개최하는 것인데, 이 모임에서는 몇 명의 최고경영자들이 연구, 엔지니어링, 생산, 마케팅, 회계 등과 같은 분야의 중견 사원들과 논의를 한다. 그것은 상향식 커뮤니케이션을 하기 위한 뛰어난 도구이며, 하급관리자들 그리고 특히 전문가들이 자신들의 협소한 전문분야로부터 한 차원 높은 것을 쳐다보고 또 회사 전체를 보도록 하는 최고의 수단이기도 하다."

One that is particularly important in the large company, is a session—informal but scheduled and well prepared—in which a member of the top management group sits down with the junior people from research, engineering, manufacturing, marketing, accounting and so on. They are an excellent vehicle for upward communications, the best means to enable juniors, and especially professionals, to look up from their narrow specialties and see the whole enterprise.

∞

모임은 너무 자주 개최되지는 않는데, 그 이유는 최고경영자들은 이런 일에 시간을 내기가 어렵기 때문이다. 하지만 그런 모임이 개최되는 경우, 체계적으로 추진되어야 한다.

## 223_ 다각화는 위험하다

"기존의 회사를 그 고유영역 밖으로 이끌어내는 식의 혁신 노력은 성공하기 어렵다. 혁신은 '다각화' 방식으로는 추진하지 않는 편이 더 좋다."

Innovative efforts that take the existing business out of its own field are rarely successful. Innovation had better not be "diversification".

∞

다각화의 이점이 무엇이든 간에, 그것은 기업가정신과 경영혁신과는 어울리지 않는다. 본래 자신이 모르는 분야에서는 당연히 새로운 것이란 시도하지 말아야 할 만큼 엄청 어려운 것이다.

## 224_ 신규 비즈니스 관리자에 대한 보상

"(새로운 사업부문은 초기에는 충분한 이익이 나지 않기 때문에 신규 사업의 수익만으로는 종업원들에게 적절한 급여를 제공할 수 없다. 따라서) 새로운 사업부문에 대해 자신이 감당할 수 없는 급여 지급이라는 무거운 짐을 스스로 해결하라고 해서는 안 된다."

The new project must not be burdened with a compensation load it cannot carry.

새로운 사업에 참여하는 사람들에게도 비록 초기에는 성과가 없더라도 그들의 노력에 걸맞는 포상을 제공해 줌으로써 의욕을 불러 일으켜야 한다. 특히 이것은 새로운 프로젝트의 책임자에게도 적절한 급여를 제공해야 한다는 것을 의미한다.

## 225_ 프로젝트 매니저

"P&G, J&J, 그리고 3M 등 세 회사는 세부적인 경영방법은 서로 다르지만 기본적으로 세 회사 모두 동일한 정책을 갖고 있다. 이들은 새로운 벤처를 시작할 때마다 처음부터 별도의 사업으로 출발하고는 이를 책임질 프로젝트 매니저를 임명한다. 프로젝트 매니저는 그 프로젝트가 폐기되든가 또는 그 목적을 달성하여 완전한 사업으로 될 때까지 책임을 진다."

Procter & Gamble, Johnson & Johnson, and 3M differ in the details of practice but essentially all three have the same policy. They set up the new venture as a separate business from the beginning and put a project manager in charge. The project manager remains in charge until the project is either abandoned or has achieved its objective and become a full-fledged business.

∞

프록터 & 갬블은 비누, 세제, 식용유, 그리고 식품을 생산한다. 이 회사는 매우 규모가 크고 또 적극적인 기업가정신이 왕성한 기업이다. 존슨 & 존슨은 위생용품 및 의약품 제조회사이다. 3M은 산업용 및 소비용 제품의 주요 제조회사이다. 이 세 회사는 제품은 다르지만 프로젝트 매니저 제도는 동일하다.

## 226_ 피드백

"세계에서 가장 성공한 주요 은행들 가운데 한 은행은 자사의 성공을 모든 새로운 사업에 심어놓은, 신규사업의 실적을 기대치와 비교하는 피드백 관행에 그 공을 돌리고 있다."

One of the most successful of the world's major banks attributes its achievements to the feedback it builds into all new efforts, by building feedback from results to expectations for all new endeavors,

∞

그 은행은 남미나 동남아 같은 신흥시장에 진출하거나, 장비 대여업에 진출하거나, 혹은 신용카드 사업에 진출하는 것과 같은 새로운 모든 활동에 대해 기대치와 실적을 피드백 하는 관행을 도입함으로써, 그 은행의 최고경영자는 새로운 사업으로부터 그들이 기대할 수 있는 것이 무엇인지를 배웠다. 새로운 벤처사업이 얼마나 빠르게 결과를 산출할 수 있는지 그리고 언제 보다 더 큰 노력을 기울이고 또 보다 큰 자원을 투입해야 하는지도 배웠다.

## 227_ 기업가적 회사들의 특징

"기업가적으로 경영을 하는 회사들은 보다 우수한 성과를 내는, 그리고 남다르게 경영하는 사람들과 부서들을 항상 우선적으로 파악한다."

Entrepreneurial companies always look for the people and units first that do better and do differently.

∞

기업가적 회사들은 그런 사람들과 부서를 선발하고는 중요하게 인식하며, 그리고 그들에게 끊임없이 다음과 같이 묻는다. "성공을 하려면 무엇을 해야 하는가?", "다른 사람과 다른 부서가 하지 않은 것으로서 당신이 하고 있는 것은 무엇인가, 그리고 그들이 하고 있는 일 가운데 당신이 하지 않는 일은 무엇인가?"

## 228_ 인적자원 배치 결정 원칙

"기업가적 회사에 있어 인적자원 배치 결정을 할 경우에는, 먼저, 기업이 해야 할 일이 무엇인지 심사숙고한다. 그 다음 몇 명의 후보자들을 물색한다. 그런 뒤에는 그들의 과거 실적을 면밀하게 분석한다. 마지막으로 후보자들 개개인에 대해 과거 그 후보자와 함께 일한 적이 있는 몇 명의 사람들과 함께 그들이 적합한지를 검토한다."

In staffing decisions in the entrepreneurial business, first, the assignment must be thought through; then one considers a number of people; then one checks carefully their performance records; and finally one checks out each of the candidates with a few people for whom he or she has worked.

∞

기업가적 회사에 있어 인적자원 배치 결정은 사람과 직무에 관한 여느 다른 의사결정과 마찬가지 방법으로 결정된다. 물론 그것은 위험이 따르는 결정이다. 사람에 관한 의사결정이 언제나 그런 것처럼 말이다. 따라서 그것은 주의 깊게 그리고 양심적으로 결정되어야 한다. 그리고 올바른 방법과 절차에 따라 결정되어야 한다.

## 229_ 인적자원과 재무자원

"조직이 혁신을 하려면, 가장 실천력 있는 사람들과 재무자원을 혁신 노력에다 투입해야 한다."

To allow organization to innovate, it has to put its best performers and to devote financial resources for the challenges of innovation.

∽

조직이 혁신을 하도록 하려면, 가장 실천력 있는 사람들의 부담을 덜어주어 그들로 하여금 혁신이라는 도전을 수행하도록 해야만 한다. 또한 조직은 재무자원을 혁신 노력에다 투입할 수 있어야만 한다.

기업이 과거의 성공이나 실패를, 그리고 특히 성공 "일보 직전"까지 갔던 것, 즉 "당연히 성공해야 하는 것" 인데도 그렇지 못한 일들을 계속 붙들고 있지 말고 포기하도록 내부적으로 조직되어 있지 않으면 실천력 있는 사람과 재무자원 둘 모두를 혁신활동에 투입할 수 없을 것이다.

## 230_ 무익한 일에 최고의 인적자원을 투입해서는 안 된다

"병원에서 시체가 썩지 않도록 보존하는 것보다 더 영웅적인 노력을 필요로 하는 것도 없지만, 그보다 더 무익한 일도 없다. 병원은 사람을 살리는 곳이지 시체를 보관하는 곳이 아니다."

Nothing requires more heroic efforts than to keep a corpse from stinking, and yet nothing is quite so futile. Hospital's mission is to cure men, not to keep corpses.

∽

혁신은 고된 노력이 필요하다. 혁신을 하려면 어떤 조직이든 간에 가장 희소한 자원인 실천력 있고도 유능한 사람들이 열심히 일하지 않으면 안 된다. 그러나 거의 대부분의 조직에서는 최고의 인적자원들이 별 성과를 내지 못하는 분야에 투입되어 헛수고만 하고 있다. 오직 그들이 하는 일이라고는 손을 떼는 것이 불가피하다는 사실을 받아들이는 것을 좀 더 연장시키는 것뿐이며, 그것도 많은 비용을 지출하면서 뒤늦게서야 그렇다.

## 231_ 대기업들의 위기

"오늘날의 기업들, 특히 대기업들은 기업가적 능력을 갖추지 않는 한 급격한 변화와 경영혁신의 시대에서 쉽사리 살아남지 못할 것이다."

Today's businesses, especially the large ones, simply will not survive in this period of rapid change and innovation unless they acquire entrepreneurial competence.

∞

20세기의 후반과 21세기 초는 경제사에서 말하는 최후의 위대한 기업가 시대, 즉 제1차 세계대전 이전 50년 내지 60년간의 시대와 전혀 다르다. 1850년에서 1914년 사이에 사이러스 맥코믹(1809~1884), 줄리어스 로젠월드(1862~1932), 헨리 포드(1863~1947), 존 록펠러(1839~1937)와 같은 기업사에 있어 기라성 같은 거인들이 자신의 기술을 바탕으로 농기계, 유통업, 자동차, 석유 산업에서 거대 기업을 설립하고 오랫동안 이끌고 왔다. 그러나 지금은 어떤 산업도 어느 기업도 수명이 장기간 보장되지 않는다.

## 232_ 월트 디즈니와 맥도날드

"월트 디즈니와 레이 크록이 사망한지 수년 내에 그들이 남긴 회사들은 한때 지지부진해졌고, 과거 지향적으로 되었으며, 소극적으로 되었고, 방어적으로 되었다. 그 이유는 무엇인가?"

Within a few years after the death of Walt Disney and Ray Kroc, once their companies had become stodgy, backward-looking, timid, and defensive. Why?

∽

디즈니랜드의 창업자인 월트 디즈니(1901~66)와 맥도날드의 창업자인 레이 크록(1902~83)은 엄청난 상상력과 추진력을 가진 사람이었고, 창의적, 기업가적, 그리고 혁신적 사고를 가진 사람의 상징이었다. 둘 다 회사 내에 강력한 일상적인 경영관리 관행을 확립했다.

두 사람 모두 회사 내에서 기업가적 책임을 자신들이 직접 떠맡았다. 둘 다 "기업가적 개성"에 의존했다. 그러나 기업가적 정신을 구체적인 정책과 관행으로 회사에 심어두지 않았다. 그것이 두 회사가 한때 곤경에 빠졌던 이유이다.

## 233_ 제록스의 성공비결

"제록스는 복사기를 팔지 않았다. 제록스는 복사기가 만들어낸 것, 즉 복사 서비스를 팔았다."

Xerox did not sell the machine; it sold what the machine produced, copies.

∞

제록스는 최신 복사기를 디자인하기 위해 막대한 기술적 노력을 투입했다. 그러나 이 회사의 성공에 최대로 공헌한 것은 가격설정 방법이었다. 고객이 엄청난 가격의 복사기를 구입하는 대신에 한 장에 5~10센트 정도의 서류복사 경비라면, 자본지출 승인서가 필요 없는 것이다. 그것은 비서가 상부의 결재를 받지 않고도 지출할 수 있는 "소액 현금"이다. 제록스 복사기를 이용한 복사 서비스 한 장당 5센트라는 가격설정은 진정 혁신이었다.

## 234_ 제록스의 실패 원인

" '수지맞는 부분만 차지하겠다'는 전략은 경영학의 그리고 경제학의 기본적인 법칙을 위반하는 것이다."

"Creaming" is a violation of elementary managerial and economic precepts.

∞

복사기 시장이 포화상태가 되자 제록스는 전략을 바꿔 대형 소비자, 즉 복사기의 대량 구입자 또는 높은 가격의 고성능 복사기 구입자에게 초점을 맞추었다. 제록스는 소규모 소비자들을 마다하지는 않았지만 적극적으로 찾아나서지는 않았다. 특히 제록스는 이들에게 서비스한다는 것은 성에 차지 않는다고 보았다. 결국 소규모 고객들이 경쟁사의 복사기를 구입하도록 만든 것은 제록스가 이들에게 행한 서비스에 대한 불만족, 달리 표현하면, 서비스의 부족 때문이었다. "수지맞는 부분만 차지하겠다"는 전략은 언제나 시장의 상실이라는 벌을 받게 마련이다.

## 235_ MG가 사라지고 시트로앵이 고전하는 이유

"달라진 사업환경에서 스스로 혁신을 하지 않고 또 남다른 것을 보여주지 못한 회사들, 즉 그들의 기존의 방식을 답습한 소규모 자동차 회사들은 거의 도산하고 말았다."

Those smaller automobile manufacturers who did not innovate and present themselves differently in what is, in effect, a different business—those who continued their established ways—have become casualties.

∽

예를 들면, 영국의 MG는 한때 지금의 포르쉐와 같이 뛰어난 스포차카 메이커였다. MG는 지금 거의 사라진 상태이다. 그리고 프랑스의 시트로앵은 과거 굳건한 혁신적인 공학기술과 튼튼한 차체를 가진 중산층을 위한 자동차였다. 시트로앵은 볼보가 확보한 틈새시장에 가장 이상적으로 자리잡고 있는 것으로 보였다. 하지만 시트로앵은 자사의 사업을 진지하게 숙고하고 또 혁신을 하는데 실패했으며, 그 결과 제품도 전략도 없는 회사가 되고 말았다.

## 236_ 레녹스 도자기

"수요는 있다. 문제는 효용을 발견하지 못하고 있는 것이다."

The demand is there. But the problem is the utility is lacking.

∞

모든 새 신부는 "좋은 도자기" 한 세트를 갖고 싶어한다. 그러나 도자기 한 세트는 선물로는 너무 비싸고, 그리고 그녀에게 결혼 선물을 하는 사람들은 신부가 어떤 것을 좋아하는지 또는 그녀가 이미 갖고 있는 도자기 피스는 무엇인지도 알지 못한다. 그래서 하객들은 도자기 대신 다른 것을 선물로 사주고 만다. 바꾸어 말하면, 수요는 거기에 있는데 효용을 발견하지 못하고 있었던 것이다.

중규모 식기류 제조업체인 레녹스 도자기사는 이것을 혁신의 기회로 포착했다. 레녹스는 미국의 오래된 관습인 "새 신부 혼수 목록"을 활용하기로 하고, 도자기류로는 오직 레녹스 도자기만을 "목록"에 올리도록 했다. 그 다음 예비 신부는 한 가게를 결정하고 그곳에 가서 자신이 원하는 레녹스 도자기의 종류를 말해주고, 또한 결혼 선물을 해줄 잠재적 하객의 명단을 그 가게 주인에게 알려준다. 새로운 효용이 창출된 것이다.

## 237_ 틈새전략의 예: 여행자 수표

"전문시장 틈새전략은 다음과 같은 질문을 통해 새로운 사태의 발전을 탐색함으로써 수립할 수 있다. '여기에 우리에게 고유한 틈새시장을 제공할 수도 있는 어떤 기회가 있는가, 그리고 다른 누구보다 앞서 그것을 확보하기 위해 우리는 무엇을 해야 하는가?'"

The specialty market is found by looking at a new development with the question, "What opportunities are there in this that would give us a unique niche, and what do we have to do to fill it ahead of everybody else?"

∞

여행자수표는 대단한 "발명"이 아니다. 그것은 기본적으로 신용장에 지나지 않으며, 그리고 수백 년 전부터 있었던 것이다. 처음에는 토마스 쿡과 아메리칸 익스프레스 고객에게만 발행되었으나, 그후 일반 대중에게도 발행된 여행자수표에 새로운 것이라고는 오직 표준 액면금액으로 발행되었다는 점이다. 그리고 그것들은 토마스 쿡 또는 아메리칸 익스프레스의 사무실이나 대리점이 있는 곳이면 세계 어디서나 현금화될 수 있었다. 여행자수표는 거액의 현금을 가지고 다니기를 싫어하는 여행자에게 그리고 신용장을 발행받을 수 있는 기존의 은행망이 없는 여행자에게 특별히 매력적으로 보였던 것이다.

## 238_ 교육 혁신을 가능케 한 교과서

"대중 교육을 실질적으로 가능하도록 한 것은, 교육의 가치를 이해하고 관심이 높아진 것, 사범학교에서 교사들을 체계적으로 훈련시킨 것, 혹은 교육학 이론이 발달한 것보다도 훨씬 더 중요한 것은 그 별것 아닌 것처럼 보이는 혁신, 즉 교과서의 등장이었다."

What really made universal schooling possible—more so than the popular commitment to the value of education, the systematic training of teachers in schools of education, or pedagogic theory— was that lowly innovation, the textbook.

∽

교과서가 없이는 아무리 좋은 교사라 해도 한꺼번에 한두 명 이상을 가르칠 수 없다. 그 반면 교과서만 있으면 심지어 수준이 낮은 교사마저도 30~35명의 학생들의 머리에 다소나마 깨우침을 넣어줄 수 있을 것이다.

## 239_ 노동조합의 성공과 몰락

"노동조합은 선진국에서는 20세기에 들어와 아마도 가장 성공한 기관일 것이다. 그러나 지금은 노동조합이 할 수 있는 것은 오직 옛날 구호만을 되풀이하고 또 옛날식으로 싸움만을 되풀이하는 것뿐이다."

The labor union is probably the most successful institution of 20th century in the developed countries. Now all it can do is repeat the old slogans and fight the old battles.

∞

노동조합은 당초의 목적을 분명히 달성했다. 서구 선진국에서는 국민 총생산에서 노동이 차지하는 몫이 90퍼센트에 이르고, 그리고 네덜란드 같은 몇 나라에서는 100퍼센트 가깝게 되자, "보다 더"를 추구할 것이 더 이상은 없게 되었다. 하지만 노동조합은 새로운 도전, 새로운 목적, 그리고 새로운 공헌에 대해 심지어 생각하는 것조차 할 능력이 없다.

## 240_ 잉여 노동자를 혁신의 기회로 활용해야 한다

"우리가 '굴뚝산업'의 잉여 노동자들을 혁신을 위한 기회로 만들지 않는 한, 그들은 스스로 무능력하다는 감정, 두려움, 구속감 때문에 모든 혁신을 거부하게 될 것이다."

Unless we can make innovation an opportunity for redundant workers in the "smokestack" industries, their feeling of impotence, their fears, their sense of being caught will lead them to resist all innovation.

∞

그런 일은 영국에서 (혹은 미국의 우편 서비스에서) 이미 경험했다. "굴뚝산업"의 잉여 노동자들을 혁신을 위한 기회로 만든 사례는 이미 많다. 1906년 러일전쟁 후 겪은 일본의 급격한 불황 기간 동안 미쓰이 재벌이 그랬고, 제2차 세계대전 후 기껏 생계를 해결할 정도의 농부와 임업 노동자로 구성된 나라를 의도적인 정책을 통해 공업화된 고도로 번영하는 나라로 바꾼 스웨덴이 그랬다. 1960년대 박정희 대통령의 경제개발도 마찬가지였다.

## 241_ 노동자 문제가 중요한 이유

"사회가 노동자들에게 일자리를, 그것도 임금수준이 낮은 일자리라도 마련해주지 않는 한, 그들은 진정 사회의 암적인 존재가 되고 만다."

Unless society takes care of placing workers—if only in lower-paying jobs—they must become a purely negative force.

∞

노동자들은 20세기에 들어와서도 교육과 지식 측면에서 큰 혜택을 누리지 못한 선진사회의 한 집단이다. 능력, 경험, 기술, 그리고 학업이라는 측면에서 그들은 1900년대의 미숙련 노동자와 상당히 유사하다. 단 하나 그들에게 일어난 긍정적인 사태는 그들의 소득이 폭발적으로 상승했다는 점이다. 그들이 받는 임금과 복리후생비 모두를 합하면 산업사회에서 가장 소득수준이 높은 집단일 것이다. 그 결과 정치적 힘도 역시 증가했다.

그러나 그들은 개인으로서든 혹은 집단으로서든 간에 기껏 반대하거나, 거부권을 행사하거나, 방해를 놓거나 하는 것 이상으로는 스스로를 돕는 일에 있어 충분한 능력을 발휘하지 못하고 있다.

## 242_ 패배는 혁신을 강요한다

"20세기 군대에서 일어난 모든 혁신은, 그것이 조직구조상의 것이든 전략상의 것이든 간에, 군대가 심각한 기능장애를 일으켰거나 전투에서 완패한 후에 이루어졌다."

All basic innovations in the military in 20th century, whether in structure or in strategy, have followed on ignominious malfunction or crushing defeat.

∞

예를 들면 미국의 군대 조직과 전략은, 미국 군대가 스페인 전쟁에서 별로 큰 전과를 올리지 못하자, 시어도어 루즈벨트 대통령 내각의 육군장관이었던 뉴욕 출신의 변호사 엘리후 루트(1845~1937)가 만든 것이었다. 그로부터 수년 후, 영국 군대가 전략을 재조직한 것은, 보어전쟁에서 영국 군대가 마찬가지로 별로 큰 전과를 올리지 못하자, 또 다른 한 민간인 출신의 육군대신 할데인(1856~1928)경이었다. 그리고 독일 군대의 구조와 전략을 재검토하게 된 것은 제1차 세계대전의 패배 때문이었다.

공공기관의 경영혁신 Peter F. Drucker

## 243_ 공공기관도 혁신해야 한다

"공공서비스 기관들도 이제는 기업가정신과 경영혁신을 자신들의 시스템 속에 확립시키는 방법을 배워야만 한다."

Public-service institutions now have to learn how to build entrepreneurship and innovation into their own system.

∞

미국의 공립학교는 공공기관의 기회와 위험 둘 다를 보여주는 좋은 예이다. 미국의 공립학교가 솔선하여 혁신을 하지 않는다면 그것은, 빈민가의 소수 인구를 위한 학교로서는 남아 있을지 모르지만, 20세기에도 살아남을 것 같지가 않다. 역사상 처음으로, 미국은 매우 가난한 사람들을 제외하고는 모두 공립학교에 들어가지 않는 (교육상) 계급구조 문제라는 위험에 직면하고 있다. 미국 인구 대부분이 살고 있는 도시와 교외 지역은 적어도 그런 현상이 나타나고 있다.

다른 많은 공공서비스 기관들도 비슷한 상황에 직면해 있다. 그렇지 않으면, 기존의 공공서비스 기관들은, 경쟁력 있는 기업가적 공공서비스 기관을 만들어 기존의 것들을 쓸모없는 것으로 만들어 버릴 민간부문에게 자리를 빼앗기는 처지가 될 것이다.

## 244_ 서비스 기관의 기회와 위협

"오늘날과 같이 사회, 기술, 그리고 경제의 급격한 변화는 서비스 기관에 한층 더 큰 위협인 동시에 보다 큰 기회를 안겨준다."

The rapid changes in today's society, technology and economy are simultaneously an even greater threat to public-service institutions and an even greater opportunity.

∞

정부기관과 같은 공공서비스 기관, 노동조합, 교회, 대학과 각종 학교, 병원, 지역단체와 자선단체, 전문가 단체와 동업자 조합 등과 같은 단체들도 다른 어떤 기업과 마찬가지로 충분히 기업가적으로 그리고 혁신적으로 운영할 필요가 있다. 정말이지 그것들은 경영혁신을 더 필요로 할는지도 모른다.

## 245_ 공공서비스 부문의 성장

"공공서비스 기관의 경영혁신이 그토록 중요한 이유는 20세기에 들어와 정부부문과 비정부 비영리부문 둘 다에 있어 공공서비스 부문이 민간부문보다 더 빨리 성장해 왔기 때문이다."

The reason why the innovation of the public-service institutions is so important is, because the public-service sector, both the governmental one and the nongovernmental but not-for-profit one, has grown faster during 20th century than the private sector.

∞

왜 우리는 기존 공공서비스 기관이 지금까지 해온 방식대로 하도록 내버려 둘 수는 없는가, 그리고 우리가 공공서비스 분야에서 필요로 하는 경영혁신은, 역사적으로 항상 우리가 그랬던 것처럼, 새로운 조직이 담당하도록 할 수는 없는가?

그 대답은, 선진국에서 공공서비스 기관은 너무도 중요하고, 그리고 규모가 너무나 커졌기 때문이라고 할 수 있다. 아마 3~5배는 더 빨리 성장했을 것이다. 성장 속도는 제2차 세계대전 이후 특히 가속화되었다. 민영화하지 않을 수 없는 이유이다.

## 246_ 공공서비스 기관의 사명

"공공서비스 기관은 자신의 사명이 무엇인지 명확하게 정의 내려야 한다."

The public-service institution needs a clear definition of its mission.

∞

모든 존재는 존재 이유를 설명해야 한다. 어느 특정 공공서비스 기관이 무엇을 달성하려고 하는가? 자신의 존재 이유는 무엇인가? 공공서비스 기관은 개별 프로그램과 프로젝트보다는 그 목적에 초점을 맞출 필요가 있다.

## 247_ 목표를 현실적으로 표현하라

"공공서비스 기관은 목표를 현실적으로 표현할 수 있어야 한다."

The public-service institution needs a realistic statement of goals.

∞

예컨대 구호단체는 그 목표를 "우리들의 임무는 기아를 없애는 일이다"라고 하는 대신에 "우리들의 임무는 기아를 완화시키는 일이다"라고 표현해야 한다는 말이다. 공공서비스 기관은 진정으로 달성 가능한 어떤 목표를, 그래서 궁극적으로 "우리들의 임무는 끝났다"라고 말할 수 있도록 그런 현실적인 목표에 몰입할 필요가 있다.

## 248_ 링컨시의 공공부문 경영혁신 사례

"헬렌 부살리스 시장의 지시에 따라 링컨시는 쓰레기 수거와 통학 수송과 같은 서비스, 그리고 다른 일련의 서비스를 민영화하기 시작했다. 시는 입찰을 따낸 민간 기업들에게 예산을 지출한다. 그 결과 비용은 대폭 절감되었고, 그리고 서비스는 한층 더 개선되었다."

Under a woman mayor, Helen Boosalis, Lincoln city has begun to privatize such services as garbage pickup, school transportation, and a host of others. The city provides the money, with private businesses bidding for the contracts; there are substantial savings in cost and even greater improvements in service.

∞

정부도 간단한 규칙만 지키면 경영혁신이 가능하다. 하나의 사례가 있다. 120년 전, 네브라스카주 링컨시는 서구의 도시들 가운데 공공 수송, 전력, 가스, 수도 등과 같은 공공서비스를 시소유로 넘긴 최초의 시가 되었다. 여자 시장 헬렌 부살리스의 지시에 따라 링컨시는 쓰레기 수거와 통학 수송과 같은 서비스, 그리고 다른 일련의 서비스를 민영화하기 시작했다. 시는 입찰을 따낸 민간 기업들에게 예산을 지출한다. 그 결과 비용은 대폭 절감되었고, 서비스는 한층 더 개선되었다.
　일본의 이즈모(出雲)시도 이와구니 데쓴도 시장의 지휘 아래 행정을 서비스산업으로 바꾸었다.

기업가정신 Peter F. Drucker

## 249_ 기업가정신의 의의

"기업가정신은 경제와 사회에 대한 이론을 바탕으로 발휘된다. 경제와 사회에 대한 이론은 변화를 정상적인 것으로, 그리고 정말이지 건강한 것으로 받아들인다. 그리고 기업가는 기존의 것을 보다 더 잘하는 것보다는 뭔가 다른 것을 하는 것을 사회적으로, 특히 경제적으로 자신이 할 수 있는 주요한 역할로 인식한다. 기본적으로 이것은 장 바티스트 세이가 기업가(entrepreneur)라는 용어를 만들 때 뜻했던 바 바로 그것이다."

Entrepreneurship rests on a theory of economy and society. The theory sees change as normal and indeed as healthy. And it sees the major task in society—and especially in the economy—as doing something different rather than doing better what is already being done. This is basically what J. B. Say(1776~1832) meant when he coined the term entrepreneur.

∞

기업가는 현상을 뒤집고 또 해체한다. 조지프 슘페터(1883~1950)가 나중에 "기업가가 수행할 과제는 '창조적 파괴'(creative destruction)이다"라고 그것을 다시 공식화했다.

## 250_ 기업가적인 기업이 되기 위한 필요조건

"규모가 작은 모든 신규 기업들은 공통적으로 겪는 문제가 많다. 그러나 기업가적인 기업이 되기 위해서는 새롭고 소규모라는 것 이상의 독특한 특성을 가져야만 한다. 정말이지, 기업가들은 신규 기업을 하는 사람들 가운데서는 얼마 되지 않는다. 그들은 뭔가 새로운 것과 뭔가 다른 것을 생산한다. 그들은 가치를 바꾸거나 변형한다."

Admittedly, all new small businesses have many factors in common. But to be entrepreneurial, an enterprise has to have special characteristics over and above being new and small. Indeed, entrepreneurs are a minority among new businesses. They create something new, something different. They change or transmute values.

∞

한 기업이 기업가적 기업이 되기 위해서 굳이 규모가 작고 새로운 것일 필요는 없다. 정말이지 기업가정신은 규모가 큰 기업에 의해 그리고 종종 오래된 기업에 의해 발휘되곤 한다. 세계에서 가장 기업가적인 기업은 GE이고, 한국에서는 삼성전자이다.

## 251_ 기업가정신의 발휘 대상은 동일하다

"비록 기업가정신이라는 용어가 원래는 경제적인 것에서 출발했지만, 그것은 결코 경제영역에만 한정된 것이 아니다. 기업가정신은 '사회적'이라기보다는 '실존적'이라는 말로 표현할 수 있는 그런 것들을 제외한 인간의 모든 활동 영역에서 구현될 수 있는 것이다."

Entrepreneurship is by no means limited to the economic sphere although the term originated there. It pertains to all activities of human beings other than those one might term "existential" rather than "social".

∞

오늘날 기업가정신이 발휘되는 대상 영역이 어디든 간에 그것들 사이에는 아무런 차이가 없다. 교육 영역의 기업가와 건강관리 분야의 기업가 모두 다 매우 활발하게 성과를 올리고 있지만, 둘 다 기업이나 노동조합 분야의 기업가가 하고 있는 것과 매우 비슷한 일을 하고 있으며, 매우 유사한 도구를 사용하고 있고, 그리고 매우 닮은 문제와 씨름하고 있다.

## 252_ 기업가정신의 발휘가 위험한 이유

"기업가정신의 발휘가 '위험'한 주된 이유는, 소위 기업가들 가운데 자신들이 하는 일이 도대체 무엇인지를 아는 사람들이 너무도 소수이기 때문이다. 그들은 방법을 모른다. 그들은 기초적이고도 잘 알려져 있는 원칙을 무시한다. 그 점은 하이테크 분야의 기업가들에게는 각별히 진실이다."

Entrepreneurship is "risky" mainly because so few of the so-called entrepreneurs know what they are doing. They lack the methodology. They violate elementary and well-known rules. This is particularly true of high-tech entrepreneurs.

∞

하이테크 분야에서의 기업가정신의 발휘와 경영혁신은 경제, 시장구조, 인구구조, 혹은 개념과 분위기와 같은 것을 기초로 하는 일반적인 혁신보다는 본질적으로 훨씬 더 힘들고 또 위험이 크다는 것은 분명한 사실이다. 그러나 하이테크기업 경쟁자들 가운데는 기술만 알고 경영관리를 외면하는 경우가 많다.

## 253_ 기업가정신에 특별히 적합한 성격과 태도는 없다

"기업가정신에 관한 대부분의 책들이 단정짓거나 적어도 암시하는 것과 같이 최고경영자의 개성과 태도 그 자체만으로, 다시 말해 적절한 정책과 관행이 없이도, 기업가적 회사를 창출할 수 있는가 하는 것은 그다지 확실하지가 않다."

It is far less certain that top management personalities and attitudes can by themselves without the proper policies and practices create an entrepreneurial business, which is what most of the books on entrepreneurship assert, at least by implication.

∞

기업가정신에 대한 논의는 경영자의, 특히 최고경영자의 성격과 태도에 초점을 맞추는 경향이 있다. 그러나 최고경영자의 개성과 태도 그 자체만으로 기업가적 회사를 창출하지는 못한다. 그 반면, 어떤 최고경영자도 사내에서 기업가정신을 훼손하고 또 억누를 수 있다는 것은 두말할 나위가 없다. 그렇게 하는 방법은 너무도 쉽다. 모든 아이디어에 대해 오직 "아니오"라고만 하고, 그리고 그런 태도를 수년간 유지하기만 하면 된다. 그 다음 새로운 아이디어를 제안한 사람은 포상을 받지 못하고 혹은 승진도 하지 못하고, 그리고 재빨리 내쫓아 버린다는 사실을 확실히 해두면 된다.

## 254_ 기업가정신의 구성요소

"기업가정신이라는 것이 개성에 관한 문제라기보다는 행동과 정책과 실천의 문제라는 사실을 가장 잘 증명하는 것은, 미국의 보다 오래된 대규모 회사에 근무하는 많은 사람들이 점점 더 기업가적인 삶을 자신들의 제2의 경력으로 삼는다는 점이다."

The best proof that entrepreneurship is a question of behavior, policies, and practices rather than personality is the growing number of older large-company people in the United States who make entrepreneurship their second career.

∞

대규모 회사에서 경력을 보낸 중간경영자들과 고급경영자들, 경험이 많은 전문가들, 그리고 대개는 하나의 고용주 밑에서만 근무한 많은 사람들이, 25~30년간을 근무한 뒤, 자신들이 할 수 있는 마지막일 거라고 생각되는 직위에 오르고 나면 명예퇴직을 한다. 나이가 50세 또는 55세 쯤된 중년의 사람들은 그 다음 기업가가 된다.

어떤 사람들은 자신이 직접 창업하기도 한다. 어떤 사람들은, 특히 기술전문가는 새로운 소규모 벤처 사업에 대해 컨설팅 업무를 한다. 또 다른 사람들은 새로운 소규모 회사의 상급경영자가 되기도 한다. 그들은 기업가정신을 발휘하고 있는 것이다.

## 255_ 기업가적 프로젝트의 추진 요건

"기업가적 프로젝트가 성공적으로 추진되도록 하기 위해서는, 새로운 것이 대체로 그런 것처럼, 조직구조와 조직이 올바른 것이어야 하고, 대내외 관계가 적절해야 하며, 보상과 포상이 적합해야 한다."

To enable the entrepreneurial project to be run successfully, as something new, the structure and organization have to be right; relationships have to be appropriate; and compensation and rewards have to fit.

∞

그러나 이런 모든 것이 제대로 되었다 해도, 그 부서를 누가 운영하느냐 하는 문제, 그리고 그들이 새로운 프로젝트를 구축하는데 성공한 경우 그들을 어떻게 대우할 것인가 하는 문제가 남는다. 그럴 경우 해당 개인을 대상으로 개별적으로 결정해야지, 경험적으로 그다지 증명되지도 않은 이런 저런 심리학적 이론에 따라 종합적으로 결정되어서는 안 된다.

## 256_ 기업가적 경영자의 금기사항

"기존의 사업을 운영하고 있는 기업가적 경영자가 하지 말아야 할 사항들이 몇 가지 있다. 가장 중요한 금기사항은 기존 사업의 경영관리 부문과 기업가적 사업부문을 섞지 않아야 한다는 것이다."

There are some things the entrepreneurial management of an existing business should not do. The most important caveat is not to mix managerial units and entrepreneurial ones.

∞

기업가적 부문을 절대로 기존의 경영관리 부문의 한 구성 부분으로 맡겨두지 말라. 기존의 사업을 운영하고, 이익을 올리고, 그리고 최적화를 추구하는 책임을 지고 있는 사람에게 혁신적 사업을 동시에 맡겨서는 안 된다는 말이다.

## 257_ 성공적인 기업가들의 목표

"성공적인 기업가들은, 그들의 개인적인 동기가 금전이든, 권력이든, 호기심이든, 혹은 명예나 다른 사람으로부터 인정을 받기를 원하는 것이든 간에, 가치를 창조하고 인류 사회에 공헌하기 위해 노력한다. 게다가 그들은 목표를 높게 잡는다."

Successful entrepreneurs, whatever their individual motivation—be it money, power, curiosity, or the desire for fame and recognition—try to create value and to make a contribution. Still, successful entrepreneurs aim high.

∞

성공적인 기업가들은 이미 존재하고 있는 것을 단순히 개선하거나, 혹은 변형시키는 것으로 만족하지 않는다. 그들은 새롭고도 다른 가치 그리고 새롭고도 다른 만족을 창출하려고 노력하고, 어떤 물질을 "자원"으로 바꾸어 놓으려고 노력한다. 그래서 신물질을 개발하고, 혹은 기존의 자원을 새롭고도 보다 나은 생산적인 모습으로 결합시키려 노력한다.

## 258_ 공공서비스 기관의 목표

"공공서비스 기관의 목표는 마땅히 도덕적인 것이 아니라 경제적인 것이어야 한다."

The objective of the public-service institution should be economic rather than moral.

∞

공공서비스 기관이 목표달성에 실패한다는 것은 목표설정이 잘못되었다는 것을, 혹은 최소한 목표의 정의가 잘못되었다는 것을 알려주는 신호로 간주해야 한다. 그리고 공공서비스 기관의 목표는 마땅히 도덕적인 것이 아니라 경제적인 것이어야 한다. 만약 어떤 목표가 여러 번 되풀이 시도해 보아도 달성되지 않으면, 그것은 잘못된 목표라고 간주해야 한다.

## 259_ 기업가사회를 만들어야 한다

"우리가 필요로 하는 것은 혁신과 기업가정신이 정상적으로, 확고하게, 그리고 지속적으로 유지되는 기업가사회(起業家 社會)이다."

What we need is an entrepreneurial society in which innovation and entrepreneurship are normal, steady, and continuous.

∞

마치 경영이 모든 현대 조직 특유의 기관이자 조직사회를 통합시키는 기관이 된 것과 마찬가지로, 혁신과 기업가정신은 21세기의 조직, 경제, 그리고 사회가 살아남도록 하는 필수적인 생명유지 활동이다.

이것은 모든 조직의 경영자들에게 그들이 개인적 업무와 조직의 직무를 수행함에 있어, 혁신과 기업가정신을 정상적인, 지속적인, 일상적인 활동으로, 그리고 실천 사항으로 간주하도록 요구한다.

**총체전략** Peter F. Drucker

## 260_ 네 가지 기업가적 전략

"기업가적 전략에는 4가지가 있다. '최정예부대를 동원하여 고지를 선점하라'(총력전략), '적이 없는 곳을 공격하라'(게릴라전략), '전문분야에서 생태학적 틈새를 발견하고 장악하라'(틈새전략), '제품, 시장, 또는 산업의 경제적 특성을 바꾸어라'(변환전략)."

There are four specifically entrepreneurial strategies. "Being Fustest with the Mostest", "Hitting Them Where They Ain't", "Finding and occupying a specialized ecological niche", "Changing the economic characteristics of a product, a market, or an industry"

∞

피터 드러커는 기업이 기존의 시장에서 기존의 제품으로 경쟁 기업들과 시장점유율 경쟁을 벌이는 경쟁전략과는 새로운 상황하에서, 경영혁신을 추구하기 위한 4가지 기업가적 전략을 제시하고 있다.

## 261_ 최정예부대를 동원하여 고지를 선점하라

" '최정예부대를 동원하여 고지를 선점하라' 라는 총력전략은 처음부터 영구적인 주도권을 목표로 한다."

"Being Fustest with the Mostest" aims from the start at a permanent leadership position.

∞

"최정예부대를 동원하여 고지를 선점하라(I just took the short cut, and got there with the mostest men)"라는 전쟁 구호는 미국의 남북전쟁(1861~65) 당시, 연전연승한 남군의 기병대 장군 네이션 베드포드 포레스트(1821~77)가 전후 한 모임에서 그 비결을 묻는 질문에 총력을 설명한 말이다. 이 구호는 나중에 마케팅 전략에 있어 선점자의 이점(first mover advantage)으로 연결된다. 이 전략을 사용하는 기업가는, 새로운 시장이나 새로운 산업의 지배자까지는 아니더라도, 주도권을 노린다. 총력전략은 반드시 지금 당장 큰 사업의 창출을 노리지는 않지만, 이 전략은 처음부터 영구적인 주도권을 목표로 한다.

## 262_ 목표를 정확하게 공략하라

"총력전략은 목표를 정확하게 공략해야 하는데 그렇지 않으면 완전히 실패로 끝난다."

The strategy of being "Fustest with the Mostest" has to hit right on target or it misses altogether.

∞

다른 말로 비유하자면, 이 전략은 달을 향해 인공위성을 발사하는 것과 매우 유사하다. 궤도가 조금만 틀려도 로켓은 외계로 사라져버린다. 또한 이 전략은 일단 시작하고나면 수정하거나 정정하기 어렵다. 이 전략을 이용하려면 깊은 생각과 주의 깊은 분석이 필요하다는 말이다. 대중문학이나 헐리우드 영화에 나오는 기업가와 같이, 갑자기 "멋진 아이디어"를 생각해내고는 그것을 실천에 옮기려고 날뛰는 사람은 그것을 성공으로 연결시키지 못한다.

## 263_ 기회는 단 한번뿐이다

"총력전략의 경우 기회는 단 한번뿐이다. 만약 이 전략이 즉각 효과를 보지 못하면, 그것은 완벽히 실패하고 만다."

There is only one chance with the "Fustest with the Mostest" strategy. If it does not work right away, it is a total failure.

∞

자신의 아들의 머리 위에 얹힌 사과를 첫 번째 화살로 맞추는데 성공하면 무죄 방면하겠다는 독재자의 제안을 받아들이는 옛날 스위스의 활잡이 빌헬름 텔 이야기를 우리는 알고 있다. 만약 실패한다면 그는 아들을 잘못 맞추어 죽이거나 아니면 자신도 죽게 될 운명이었던 것이다. 이것이야 말로 "최정예부대를 동원하여 고지를 선점하라"라는 총력전략을 사용하는 기업가의 상황과 정확하게 일치한다. 총력전략의 경우 "거의 성공" 혹은 "거의 실패"라는 것은 없다. 오직 성공 아니면 실패뿐이다.

## 264_ 총력전략의 실패요인

"총력전략이 실패하는 것은 의지가 부족하기 때문이다. 그것은 투입하는 노력이 부족하기 때문이다."

The strategy of being "Fustest with the Mostest" will fail because the will is lacking. It will fail because efforts are inadequate.

∞

총력전략은 정말이지 너무나 위험이 크기 때문에, 기업의 전반적인 주요 전략 체계에서는 성공할 가능성보다는 훨씬 더 자주 실패할 것이라는 가정하에 총력전략을 추진한다.

그것은 성공적인 혁신에도 불구하고 충분한 자원을 투입하지 않기 때문에, 혹은 충분한 자원이 없기 때문에, 또는 성공 경험을 계속 활용하는데 충분한 자원이 투입되지 않는 등의 이유 때문에 실패한다. 총력전략을 추진하려면 충분히 자원을 투입하여 도박을 해야 한다는 말이다.

## 창조적 모방 전략과 게릴라전략 — Peter F. Drucker

## 265_ 창조적 모방 전략

"창조적 모방 전략은 '최정예부대를 동원하여 고지를 선점하라'라는 총력전략과 마찬가지로, 시장 또는 산업의 지배까지는 아니더라도, 시장 또는 산업의 주도권을 노리는 전략이다. 그러나 이 전략은 위험이 훨씬 적다."

Like being "Fustest with the Mostest," creative imitation is a strategy aimed at market or industry leadership, if not at market or industry dominance. But it is much less risky.

∞

창조적 모방자가 전략을 펼칠 때면, 시장은 확립되어 있고 또 그 분야의 벤처회사들이 기술을 활용한 후이다. 실제로, 혁신 제품에 대한 수요는 최초의 혁신기업이 공급할 수 있는 것보다 훨씬 더 많다. 시장은 이미 세분화되어 있거나 또는 적어도 파악할 수 있다. 또한 그때쯤 되면 시장조사를 통해 고객이 무엇을 구입하고 있는가, 그것을 어떻게 구입하고 있는가, 고객에게 가치를 제공하는 것은 무엇인가 등을 파악할 수 있다.

## 266_ 창조적 모방 전략의 역할

"창조적 모방은 일반적으로 이해되고 있는 혁신이라는 용어와는 다른 의미를 갖고 있다. 창조적 모방가는 제품이나 서비스를 발명하지 않는다. 그는 다른 사람이 발명한 제품이나 서비스를 완성시키고 제자리를 잡아준다."

Creative imitation is not innovation in the sense in which the term is most commonly understood. The creative imitator does not invent a product or service; he perfects and positions it.

∞

창조적인 모방가는 다른 사람의 성공을 역이용한다. 새로운 제품 또는 서비스가 처음 도입될 때는 무엇인가 부족한 점이 있게 마련이다. 창조적 모방은, 제품의 특성을 하나 더 추가해 주는 것일 수도 있다. 그것은 제품 또는 서비스를 세분화하고는, 제품 또는 서비스로 약간 개량하여 다소 다른 시장에 적합하도록 하는 것일 수도 있다. 그것은 제품을 시장에서 적당한 자리를 차지하도록 해주는 것일 수도 있다. 또는 그것은 여전히 시장이 필요로 하는 어떤 것을 공급해 주는 것일 수도 있다.

## 267_ 창조적 모방이라는 용어는 모순이다

"창조적 모방은 용어 자체로서는 분명 모순이다. 창조적이라는 것은 반드시 최초의 것이어야 한다. 만약 모방이 아닌 어떤 것이 있다면, 그것이야말로 '최초의 것'이다. 그런데도 이 용어는 맞는 말이다. 그것은 '모방'이 본질인 전략을 설명하고 있다."

Creative imitation is clearly a contradiction in terms. What is creative must surely be original. And if there is one thing imitation is not, it is "original". Yet the term fits. It describes a strategy that is "imitation" in its substance.

∞

창조적 모방 전략을 사용하는 기업가는 이미 다른 사람이 실행한 것을 따라서 하는 것이다. 그러나 그것을 "창조적"이라고 표현하는 이유는, "창조적 모방 전략"을 활용하고 있는 기업가가, 모방의 대상이 된 혁신이 의미하는 바에 대해서, 그것을 발명한 사람 그리고 그것을 처음 혁신한 사람보다도 더 잘 이해하고 있기 때문이다. 국가로 보면 일본이 그렇고, 원천기술이 없는 한국의 기업들이 그렇다.

## 268_ 창조적 모방 전략과 하이테크 산업

"창조적 모방은 하이테크 분야에서 가장 효과적으로 작동하는데, 그 한 가지 이유는 하이테크 분야의 선두적 혁신가는 시장에 초점을 맞추지 않을 가능성이 매우 높고, 기술과 제품에 초점을 맞출 가능성이 높기 때문이다."

Creative imitation is likely to work most effectively in high-tech areas for one simple reason: leading high-tech innovators are least likely to be market focused, and most likely to be technology focused and product focused.

∞

그러나 하이테크 혁신가들은 자신들의 성공을 잘못 이해하는 경향이 있다. 혁신에는 성공하지만 경영관리를 잘못한 결과 그들이 창출한 수요를 바탕으로 하여 이익을 올리거나 충분히 공급하지 못하고 기업을 성장시키는 데 실패하고 만다.

## 269_ 게릴라전략의 의의

" '적이 없는 곳을 공격한다'는 게릴라전략은 처음에는 해안에 교두보를 확보하는 것을 목표로 하고는, 그 다음 기존의 선두주자들이 전혀 방어하지 않거나 또는 전력을 기울이지 않는 곳을 노린다."

"Hits Them Where They Ain't." guerrilla strategy aims first at securing a beachhead, and one which the established leaders either do not defend at all or defend only halfheartedly.

∞

게릴라전략은 시티뱅크가 파밀리엔방크(Familien bank)를 설립했을 때 독일의 은행들이 반격하지 않았던 것처럼 그런 허점을 노린다.
일단 교두보가 확보되면, 다시 말해, 신규 참가자가 적절한 시장과 적절한 수입원을 손에 넣게 되면, 그 다음 그들은 "해안"의 다른 지역으로 진출하고는 드디어 "섬" 전체를 장악한다. 세분 시장으로 진출할 때마다 같은 전략을 되풀이 사용한다. 그들은 특정 세분 시장에만 사용될, 가장 적합한 제품 또는 서비스를 디자인한다. 그렇게 되면 기존의 주도적 기업들은 이 전쟁에서 그들을 좀처럼 이기지 못한다.

## 270_ 게릴라전략의 목표

 "총력전략과 창조적 모방 전략과 마찬가지로, 게릴라전략은 주도적 지위의 획득 그리고 궁극적으로는 지배권의 획득을 목표로 한다."

 Like being "Fustest with the Mostest" and creative imitation, "Hits Them Where They Ain't." aims at obtaining leadership position and eventually dominance.

∽

 그러나 게릴라전략은 "최정예부대를 동원하여 고지를 선점하라"라는 총력전략과 창조적 모방 전략과는 달리 선도적 주도적 기업들과 경쟁하지는 않는다. 혹은 적어도 주도적 기업들이 경쟁자의 도전을 의식하거나 또는 이를 우려하고 있을 때에는 더더욱 경쟁하지 않는다. 게릴라전략은 "적이 없는 곳을 공격"한다.
 뉴욕 양키스에서 우익수로 활약했던 윌리엄 헨리 킬러(1872~1923)는 생애 타율 3할 4푼 5리, 44게임 연속 안타 등으로 명예의 전당에 오른 선수인데, 키가 작았던 그는 짧은 배트를 사용했다. 그런 약점에도 불구하고 높은 타율을 올린 비결을 "수비수가 없는 곳으로 공을 쳐라"라고 설명했다.

틈새시장 전략   Peter F. Drucker

## 271_ 틈새시장 전략과 타이밍

"전문기술 틈새시장을 확립하는데는 타이밍이 중요하다. 그것은 새로운 산업, 새로운 관행, 새로운 시장, 그리고 새로운 추세가 시작되는 아주 초기 시기에 이루어져야만 한다."

Timing is of the essence in establishing a specialty skill niche. It has to be done at the very beginning of a new industry, a new custom, a new market, a new trend.

∽

예컨대 독일의 칼 베데커(1801~59)는 1828년 증기선이 라인강에서 최초로 중산층을 상대로 관광사업을 시작하자마자 최초의 여행안내서를 출판했다. 그후 그는 제1차 세계대전의 발발로 독일의 서적들이 다른 유럽 제국에서 판금될 때까지, 이 분야를 실질적으로 독점했다.

## 272_ 틈새시장을 획득할 기회

"전문기술 틈새시장을 획득하려면 언제나 어떤 새로운 것, 어떤 새로 부가된 것, 무엇인가 순수한 혁신적인 것이 필요하다."

To attain a specialty niche always requires something new, something added, something that is genuine innovation.

∽

칼 베데커 이전에도 여행자용 안내서는 있었지만, 그것들은 문화적 장면에 국한되었다. 다시 말해 교회나 관광명소 등을 대상으로 했다. 왜냐하면 여행을 떠나는 영국의 귀족들은 여행에 실제로 필요한 상세한 사항들—예컨대 호텔, 마차의 요금, 여행 거리, 팁의 적정 금액 등에 대해서는 이 분야의 전문가인 짐꾼에게 맡기면 되었기 때문이다.

그러나 관광산업에 새로이 진출하는 중산층은 이런 여행 전문 짐꾼을 이용할 수 없었는데, 그것이 베데커에게 틈새시장 기회를 제공한 것이다.

## 273_ 틈새시장의 발견 방법

"전문기술 틈새시장은 우연히 발견되는 경우는 거의 없다."

A specialty skill niche is rarely found by accident.

어떤 경우이든 간에, 전문기술 틈새시장은 혁신 기회를 체계적으로 조사한 결과로 발견된다. 어떤 경우이든 간에, 혁신 기업가는 전문기술을 개발할 수 있는 곳을 탐색하고, 묻고, 관찰하고, 그리고 새로운 기업에게 고유의 지배적 지위를 확보해 줄 수 있는 곳을 찾아나서야 한다. 전문기술 틈새시장은 우연히 발견되는 것이 아니라, 고된 노력의 결과이다.

## 274_ 전문기술 틈새시장의 한계

"생물학에 따르면, 틈새를 점거한 종은 심지어 외부 환경이 조금만 변해도 쉽게 적응하지 못한다. 그 점은 전문기술 틈새시장을 차지한 기업가적 기술을 가진 기업도 역시 마찬가지다."

Species that occupy such a niche, biology teaches, do not easily adapt to even small changes in the external environment. And this is true, too, of the entrepreneurial skill species that found the specialty skill niche.

∞

자연생태계가 파괴되면, 예컨대 농약 과다 살포 때문에 개구리가 사라져 먹이사슬의 한 틈새가 파괴되면 결국 뱀이 사라지게 된다. 마찬가지로 어떤 산업에서 수요구조가 변하게 되면 틈새시장에 안착해 있던 부품 공급업자들이 큰 타격을 입는다.

## 275_ 전문시장 틈새전략의 위험

"전문시장에서 주도적 지위에 있는 기업에게 가장 큰 위험은 바로 성공 그 자체이다. 가장 큰 위험은 전문시장이 대중시장으로 성장한 때이다."

The greatest threat to the specialty market position is success. The greatest threat is when the specialty market becomes a mass market.

∞

일반적으로서 주도적 지위에 있는 기업에게 가장 큰 위험은 바로 성공 그 자체로서, 전문시장이 대중시장으로 성장한 때이다. 전문시장 틈새전략도 똑같은 한계를 갖고 있다.

전문시장 틈새전략은 전문기술 틈새전략과 똑같은 성공 요건들을 갖고 있다. 첫째, 새로운 추세, 산업, 또는 시장에 대한 체계적 분석이 필요하다. 둘째, 그것이 전통적 신용장을 현대적 여행자수표로 전환한 것과 같은 단순한 "변형"에 지나지 않는다 해도 구체적인 혁신적 공헌이 필요하다. 셋째, 제품 그리고 특히 서비스를 개선하기 위해 끊임없이 노력하고는 한번 획득한 주도권을 유지할 수 있어야 한다.

경영관리 기술  Peter F. Drucker

## 276_ 경영혁신 정책을 조직내에 널리 알려라

"경영혁신은 조직을 유지하고 또 영구적으로 존속시키는 수단이고, 개별 경영자의 일자리와 성공을 보장하는 토대라는 사실을 조직 전반에 걸쳐 분명히 이해시켜야 한다."

There must be clear understanding throughout the organization that innovation is the best means to preserve and perpetuate the organization, and that it is the foundation for the individual manager's job security and success.

∞

경영혁신은 비록 기계적으로 되풀이되는 일상적인 업무는 아니라 해도, 정상적이고 규범적인 업무의 한 부분이자 한 구성 요소이다. 경영혁신은 구체적인 정책을 필요로 한다.
기존의 사업을 지속하는 것이 아니라 혁신을 한다는 것은 매력적인 일이자 그것을 수행하는 경영자에게는 이익이 되어야만 한다. 경영혁신의 필요성과 그 시간소요 계획의 필요성 둘 다를 명백히 하고 또 널리 알려야만 한다. 그리고 마지막으로, 구체적인 목표가 설정된 혁신 계획이 필요하다.

## 277_ 벤처기업가는 경영관리 기술을 배워야 한다

"많은 새로운 벤처기업의 경우, 특히 첨단 기술을 바탕으로 하는 벤처기업의 경우 각종 경영관리 수단을 무시하고 있고 심지어 경멸하기까지 한다."

In so many new ventures, especially high-tech ventures, the management techniques are spurned and even despised.

∞

그들의 주장은, 경영관리 수단들은 "경영자"를 위한 것인 반면, "우리는 기업가이다"라는 것이다. 그러나 그런 말은 거리낌없이 할 수 있는 말이 아니다. 그것은 무책임한 말이다.

## 278_ 벤처기업의 최고경영자 팀

"새로운 벤처기업은 최고경영자 팀의 균형 잡힌 경영관리를 필요로 하는 시점에 도달하기 훨씬 전에, 최고경영자 팀을 미리 만들어 두어야 한다."

Long before the new venture has reached the point where it needs the balance of a top management team, it has to create one.

∞

1인 경영 체제(management by one person)가 더 이상 작동을 하지 않게 되는 시기가 오기 훨씬 전에 그리고 잘못 경영하기 훨씬 전에, 그 1인 최고경영자는 동료들과 함께 일하는 법을 배우기를 시작해야만 하고, 사람을 신뢰하는 법을 배워야 하며, 동시에 그들로 하여금 책임지도록 하는 법도 배워야 한다. 창업자는 "심부름꾼"에 둘러싸인 "스타"가 아니라 팀의 리더가 되는 법을 배우지 않으면 안 된다는 말이다.

## 279_ 새로운 벤처기업의 위협 요인 : 시장 초점의 부족

"시장에다 초점을 맞추지 못하는 것은 '신생아', 즉 새로운 벤처 기업이 경험하는 전형적인 질병이다."

Lack of market focus is typically a disease of the "neo-natal", the infant new venture.

∞

시장을 외면하는 것은 새로운 벤처기업이 그 도입단계에 걸릴 수 있는 가장 심각한 질병이다. 그리고 그것은 살아난 벤처기업마저도 영원히 영양 결핍증에 빠질 수 있도록 하는 질병이다.

## 280_ 새로운 벤처기업의 위협 요인 : 재무 초점의 부족

"적절한 재무 초점의 부족 그리고 적당한 재무정책의 부족은 성장과정에 있어 시장 초점 다음 단계에 처해 있는 벤처기업에 대한 최대의 위협이다."

The lack of adequate financial focus and of the right financial policies is the greatest threat to the new venture in the next stage of its growth.

∽

무엇보다도, 그것은 급속히 성장하는 새로운 벤처기업에게 큰 위협이다. 새로운 벤처기업이 성공하면 할수록, 재무예측 능력의 부족은 더욱더 위험하다.

성장하려면 먹어야 한다. 재무적 용어로, 새로운 벤처기업의 성장은 재무적 자원의 수확이 아니라 투입을 요구한다는 것을 의미한다. 성장은 보다 많은 현금 그리고 보다 많은 자본을 필요로 한다. 만약 새로운 벤처기업이 "이익"을 기록한다면 그것은 허구이다. 그것은 오직 계정과 목들을 균형 맞추기 위한 회계상 처리에 지나지 않는다. 그리고 대부분의 국가에서 이런 허구의 이익에 대해 과세를 하기 때문에, 부채를 안게하고, 또한 "잉여금"을 축적하게 하는 것이 아니라 현금유출을 발생시킨다. 새로운 벤처기업이 건강할수록, 그리고 빨리 성장할수록, 더 많은 재무적 자원을 요구하게 된다.

## 281_ 경영관리 능력 유지의 중요성

"일단 경영관리 능력을 상실하게 되면 그것을 다시 회복하기는 어렵다. 그러나 관리능력의 상실은 꽤나 쉽게 방지할 수 있다. 해야 할 일은 먼저 기업 내에서 결정적으로 중요한 분야를 철저히 생각하는 것이다. 어떤 회사에서는, 그것은 품질일 수도 있다. 또 어떤 회사에서는 서비스, 세 번째 회사에서는 받을 채권과 재고관리, 네 번째 회사에서는 제조원가일 수도 있다."

Once management control has been lost, it is hard to recapture. Yet the loss of control can be prevented quite easily. What is needed is first to think through the critical areas in a given enterprise. In one, it may be product quality; in another, service; in a third, receivables and inventory; in a fourth, manufacturing costs.

∽

"최고경영자는 이것 또는 저것만은 꼭 해야만 한다"는 법칙은 없다. 그러나 최고경영자는 그 궁극적인 책임을 수행하는데 필요한 정보를 확실히 수집하지 않으면 안 된다. 최고경영자 자신이 수행해야 할 과업은 기업이 무엇을 필요로 하는가, 그리고 자기가 어떤 사람인가 하는 것에 따라 결정된다.

## 282_ 벤처기업가는 기업가적 경영관리를 배워야 한다

"하이테크 벤처기업들은 기업가적 경영관리에 대해 배워야 할 것이 매우 많으며, 살아남으려면 그것을 배우지 않으면 안 될 것이다."

Most of ventures, especially the high-tech ones, have a great deal to learn about entrepreneurial management and will have to learn it if they are to survive.

∞

앞으로 새로운 벤처기업은 혁신의 중심적 추진 기관 노릇을 계속할 것이다. 정말이지 미국에는 예비 기업가들이 부족한 적이 없었으며, 새로운 벤처기업도 마찬가지다. 하지만 벤처기업들은, 특히 하이테크 벤처기업들은 기업가적 경영관리에 대해 배워야 할 것이 매우 많다.

기업가정신과 경영혁신에 대한 장애물은 기업의 규모가 아니다. 장애물은 기존의 경영관리 방식 그 자체로서, 특히 기존의 성공적인 경영관리 방식이 장애물 노릇을 한다. 그런데 이 장애물을 극복하는데는 소규모 조직보다는 대규모 조직 또는 적어도 상당한 규모의 조직이 훨씬 더 유리하다.

## 283_ 기업가적 경영관리를 실행하기 위한 네 가지 요건

"새로운 벤처기업이 기업가적 경영관리를 하기 위해서는 네 가지 요건이 필요하다. 시장 초점, 재무예측, 최고경영자 팀, 창업자의 역할 변신이 그것이다."

Entrepreneurial management in the new venture has four requirements: a focus on the market, a financial foresight, a top management team, and founding entrepreneur's new role.

∽

새로운 벤처기업이 기업가적 경영관리를 하기 위해서는 첫째, 시장에 초점을 맞추어야 한다. 둘째, 재무예측 능력을 필요로 하며, 특히 현금흐름과 미래에 필요한 자본수요에 대한 계획을 갖고 있어야 한다. 셋째, 최고경영자 팀을 구성해야 하며, 그것도 새로운 벤처기업이 실제로 필요로하기 훨씬 이전에, 그것도 확보할 여유가 생기기 훨씬 이전에 구성해야 한다. 넷째, 창업자는 자신의 기업에서 자신이 맡을 역할, 일의 범위, 그리고 다른 사람들과의 관계를 결정해 놓아야 한다.

## 284_ 기업가적 경영관리의 네 가지 주요 정책과 실천사항

"기업가적 경영관리를 수행하는데는 네 가지 주요 분야에서 정책과 실천활동이 필요하다. 첫째, 혁신조직 만들기. 둘째, 학습조직 만들기. 셋째, 조직 및 인적자원관리, 넷째, 하지 말아야 할 일들을 하지 않기이다."

Entrepreneurial management requires policies and practices in four major areas. First, the organization must be made receptive to innovation. Second, built-in learning to improve performance. Third, management of organizational structure and human resources. Fourth, not to do some "dont's".

∞

기업가적 경영관리는 첫째, 조직은 혁신을 수용하도록 조직되어야만 하고, 그리고 변화를 위협이 아니라 기회로 받아들일 의사가 있어야 한다. 조직은 기업가라면 마다하지 않을 고된 일을 하도록 조직되어야만 한다. 조직 내에 기업가적 분위기를 창출하기 위해서는 정책의 수립과 실천이 필요하다. 둘째, 성과를 향상하기 위해 학습방법을 갖추는 것은 물론이고, 기업가로서 그리고 혁신가로서 회사의 성과를 체계적으로 측정하는 것은, 혹은 적어도 평가하는 것은 필수적이다. 셋째, 기업가적 경영관리는 조직구조, 인사배치와 인사관리, 그리고 급여와 인센티브와 포상과 관련하여 구체적으로 실천해야 한다. 넷째, "하지 말아야 할 일들", 즉 기업가적 경영관리에서 해서는 안 되는 일들도 있다.

## 285_ 새로운 벤처기업의 기회

"새로운 벤처기업은 다음과 같은 가정 아래 출발해야 한다. 자신의 제품 또는 서비스는 아무도 생각지 않았던 시장에서 고객을 발견할 수도 있으며, 제품 또는 서비스가 디자인될 무렵에는 아무도 예측하지 못한 용도로 사용하는 고객을 발견할 수도 있으며, 그리고 새로운 벤처기업이 비전을 갖고 있는 분야가 아닌, 심지어 전혀 알지 못했던 분야의 고객이 그것들을 구입할 수도 있다는 점이다."

The new venture needs to start out with the assumption that its product or service may find customers in markets no one thought of, for uses no one envisaged when the product or service was designed, and that it will be bought by customers outside its field of vision and even unknown to the new venture.

새로운 벤처기업을 경영하는 사람들은 바깥에 나가서 시간을 보낼 필요가 있다. 시장에서, 고객과 함께 그리고 자신들의 판매원과 더불어서, 보고 듣고 해야 한다. 새로운 벤처기업은 "제품" 또는 "서비스"는 생산자에 의해서가 아니라 고객에 의해 규정된다는 것을 스스로 일깨우는 습관을 가져야만 한다.

## 286_ '문제' 때문에 '기회'를 놓쳐는 안 된다

"경영자는, 심지어 소규모 회사의 경영자라도, 일반적으로 한달에 한번씩 경영실적 보고서를 받는다. 보고서의 첫 번째 페이지에는 언제나 실적이 예상보다도 못한 분야, 즉 '부진한 분야' 다시 말해 '문제'를 열거하고 있다. 그렇게 되면 월간 경영회의에서는 모두가 소위 문제만 해결하려 한다."

Management, even in small companies, usually get a report on operating performance once a month. The first page of this report always lists the areas in which performance has fallen below budget, in which there is a "shortfall", in which there is a "problem". At the monthly management meeting, everyone then goes to work on the so-called problems.

∽

물론, 문제들에도 주의를 기울여야 하고, 진지하게 생각해야 하고 또 문제들을 해결해야 한다. 그러나 만약 논의되는 것이 오직 문제뿐이라면, 기회는 무시당하고 결국 놓치고 말 것이다. 따라서 기업가정신을 받아들이는 풍토를 조성하려는 회사는 기회에도 역시 관심을 기울이고 있다는 점을 보여주기 위해 특별한 배려를 해야 한다.

새로운 패러다임 Peter F. Drucker

## 287_ 패러다임이란 사회과학에서만 통하는 지배적 이론이다

"패러다임은 자연세계, 즉 '자연법칙'에는 아무런 영향을 끼치지 못한다. 그러나 사회적 우주에는 '자연법칙'과 같은 그런 것은 없다. 따라서 사회적 패러다임은 끊임없이 변한다."

The paradigm has no impact on the natural universe, namely "natural laws". But the social universe has no "natural laws" of this kind. It is thus subject to continuous change.

∞

자연과학은 사물의 행동, 즉 자연법칙을 연구한다. 자연과학의 패러다임, 예컨대 해가 지구를 돈다고 주장하는 천동설이나, 그 반대인 지동설을 주장한다 해도 그 주장이 태양과 지구의 움직임에 아무런 영향을 끼치지는 않는다.

그러나 경영이나 경제와 같은 사회과학의 원칙은 인간의 행동과 인간이 만든 조직의 행동을 연구한다. 그러므로 사회에는 "자연법칙"과 같은 것은 없다. 따라서 어제 적합했던 사회적 경제적 가정들이 오늘은 부적당할 수 있고, 그리고 어느 한 순간에 완전히 틀린 것이 될 수도 있다.

## 288_ 과학적 관리를 실천적으로 적용한 최초의 기관

"'과학적 관리'라는 용어를 만든 프레더릭 테일러가 1912년 '과학적 관리'의 완전한 모범으로 제시한 것은 기업이 아니라 비영리병원 메이요 클리닉이었다. 그리고 테일러의 '과학적 관리'를 가장 잘 적용한 것으로 학회에 발표된 사례는 기업이 아니라 워터타운 미육군 병기창이었다."

Frederick Winslow Taylor(1856~1915), the inventor of "Scientific Management", did not cite a business but the non-profit Mayo Clinic as the "perfect example" of "Scientific Management" in his 1912. And the most publicized application of Taylor's "Scientific Management" was not in a business but in the government-run Watertown Arsenal of the US Army.

∽

'경영자'(manager)라는 용어를 사용한 최초의 일자리는 도시관리인(City Manager)이었다. '경영원칙'을 최초로 의식적, 체계적으로 적용한 것은 시어도어 루즈벨트 내각의 육군성 장관이었던 엘리후 루트(1845~1937)가 1901년 미국 육군을 재조직할 때였다. 1922년 프라하에서 개최된 최초의 국제 경영회의는 당시 미국 상무성 장관이었던 허버트 후버(1874~1964)와 신생 체코슬로바키아의 건국 대통령이었던 토머스 마사리크(1850~1937)에 의해 조직되었다.

## 289_ 비영리부문이 더 빠르게 성장한다

"21세기 선진국의 성장부문은 기업, 즉 경제활동 조직이 아닐 것이다. 그것은 비영리 사회부문이 될 확률이 높다."

Insofar as we can predict, the growth sector in the 21st century in developed countries will not be "business", i. e. organized economic activity. It is likely to be the nonprofit social sector.

∞

따라서 오늘날 비영리 사회부문은 경영이 가장 필요한 부문일 뿐만 아니라 체계적, 원칙적, 이론적 경영이 가장 빨리 결과를 산출하고 또한 최대의 결과를 산출할 수 있는 부문이다.

## 290_ 단 하나의 올바른 조직이란 없다

"지금까지 조직에 관한 연구는 다음과 같은 하나의 가정에 기초하였다. '세상에는 단 하나의 올바른 조직이 있다. 또는 있어야만 한다.' 따라서 단 하나의 올바른 조직에 대한 탐구는 지속되었고 또한 오늘날에도 계속되고 있다. 그러나 그런 것은 없다."

The study of organization has rested on one assumption: there is—or there must be—one right organization. So the search for the one right organization has continued and continues today. But there is no such thing as the one right organization.

∞

세상에는 단 하나의 올바른 조직이라는 것은 없다. 상황에 따라 여러 종류의 조직들만 있다. 각각의 조직은 독특한 강점, 고유한 한계, 그리고 구체적인 용도가 있다. 조직구조는 절대적인 것이 아니다. 조직은 사람들이 함께 작업함으로써 생산성을 올리도록 하는 하나의 도구이다. 따라서 특정의 조직구조는 특정 상황과 특정 시기에 수행할 특정 과업과 부합되어야 한다.

생물조직에 수많은 다양한 구조가 있는 것과 같이, 현대사회에도 수많은 조직구조들이 존재한다. 경영자는 특정 과업에 적합한 조직을 찾고, 개발하고, 그리고 검증하는 법을 배워야만 한다.

## 291_ 사람을 다루는 단 하나의 올바른 방법은 없다

" '세상에는 사람을 다루는 단 하나의 올바른 방법이 있다 — 혹은 적어도 있어야만 한다'는 가정은 인적자원관리에 관한 모든 저서나 논문에 사실상 밑바탕이 되고 있다. 그러나 이것 역시 틀렸다. 사람이 다르면 다른 방법으로 다루어야 한다."

"There is one right way to manage people—or at least there should be." This assumption underlies practically every book or paper on the management of people. But this is wrong. Different people have to be managed differently.

∞

더글러스 맥그리거(1906~64)는 저서 〈기업의 인간적 측면〉(The Human Side of Enterprise, 1960)에서 경영자들은 사람을 다루는데는 X이론과 Y이론이 있는데 그 가운데서도 Y이론만이 건전한 방법이라고 단언했다. 그후, 욕구단계설을 주장한 아브라함 H. 매슬로우(1908~70)는 그의 저서 〈에웁시치언 경영〉(1962) — 1995년 〈매슬로우 온 매니지먼트〉(Maslow on Management)로 재간행 — 에서 맥그리거는 오류를 범했다고 공박했다. 사람은 경제적 사회적 상태에 따라 다르게 다루고 취급해야 한다는 것이다.

## 292_ 보스의 정의

"보스는 최종 결정을 내릴 수 있고, 구성원들은 그 결정을 수용할 것으로 기대되는 어떤 사람이다. 일반적으로 조직이 위험에 부딪혔을 때—그리고 모든 조직은 조만간 위험에 부딪히게 마련인데—구성원 모두의 생존은 상사의 분별력 있는 명령에 달려 있다."

Boss is someone who can make the final decision and who can expect then to be obeyed. In a situation of common peril—and every institution is likely to encounter it sooner or later—survival of all depends on clear command.

∞

배가 침몰하는 경우, 선장은 회의를 소집하지 않는다. 선장은 즉각 명령을 내린다. 배가 침몰되는 것을 막으려면, 모든 구성원은 그 명령에 복종하지 않으면 안 된다. 위기에 처했을 때 "명령계층"에 대한 무조건적 수용은 생존의 유일한 희망이다. 그러나 동일한 조직 내의 다른 여러 상황들은 협의를 필요로 한다. 물론 다른 여러 활동도 필요하다.

## 293_ 오케스트라의 지휘자와 연주자

"21세기, 상사와 부하 사이의 관계는 전통적인 상급자 대 하급자 사이의 관계라기보다는 오케스트라의 지휘자와 연주자 사이의 관계와 흡사하다."

In 21st century, the relationship between boss and subordinates is far more like that between the conductor of an orchestra and the instrumentalists than it is like the traditional superior/subordinate relationship.

∽

피아노 혹은 바이올린을 전공한 오케스트라 지휘자는 관악기를 잘 연주할 수 없다. 마찬가지로 지식근로자들을 고용하고 있는 조직의 상급자는 하급자의 업무를 일반적으로 잘 수행할 수가 없다.

과거 지식수준이 낮고 또 주로 오랜 경험을 바탕으로, 그리고 직무순환 제도를 통해 여러 부서의 업무를 경험해본 사람들이 승진하게 되는 회사에서는 상사는 부하들의 업무를 전반적으로 잘 알고 있다. 따라서 상급자는 하급자보다 모든 점에서 우월했다. 그러나 21세기 조직은 여러 전문지식인들이 함께 모여 공동의 목표를 달성하기 위해 단기적으로 일하게 된다. 마치 지역의 우수한 연주자와 함께 협연하면서 순회공연을 하는 오케스트라처럼 말이다.

## 294_ 명령통일화의 원칙

"조직 속의 한 개인은 단 한 사람의 '상사'를 따라야 한다는 것이 합리적인 원칙이다. 옛날 로마법에 나오는 법언인, '주인이 셋인 노예는 자유인이다'라는 것은 옳은 말이다."

It is a sound principle that one person in an organization should have only one "master". There is wisdom to the old proverb of the Roman Law that a slave who has three masters is a free man.

누구도 충성심에서 갈등을 빚어서는 안 된다고 하는 것은 매우 오래된 인간관계 원칙이다. 두 사람 이상의 상사를 갖는 것은 갈등을 빚게 마련이다. 이 점이 바로, "재즈캄보팀"(Jazz Combo, 소편성의 재즈밴드)이 지금 그렇게도 인기 있는데도 불구하고, 실행하기가 어려운 이유이다. 재즈캄보팀의 각 구성원은 두 사람의 상사가 있는데, 하나는 기능상의 상사 즉 엔지니어링의 책임자이고, 다른 하나는 음악의 리더이다. 재즈캄보팀이 제대로 된 연주를 하기 위해서는 고도의 훈련이 필요하다.

## 295_ 수평조직의 원칙

" '모든 정보는 전달 단계가 하나 늘어날 때마다 잡음은 두 배로 늘어나고, 메시지의 내용은 반으로 줄어든다'는 정보이론 때문에라도, 조직을 가능하면 '수평구조'로 만드는 것이 합리적일 뿐만 아니라 조직구조의 원칙이다."

It is a sound, structural principle to have an organization that is as "flat" as possible, if only because as information theory tells us "every relay doubles the noise and cuts the message in half".

∞

21세기 지식사회에서 개인들은 하나의 조직에서, 그리고 동시에 여러 다른 조직에서 작업할 수 있어야만 할 것이다. 어떤 과업을 수행하기 위해서 그들은 팀에 소속되어 작업할 것이다. 그러나 또 다른 과업을 수행하기 위해서 그들은 동시에 명령통제 구조에서 작업을 해야 할 것이다.

앞서 말한 순회 오케스트라의 예에서 보는 것처럼 일류 연주자는 고정된 소속이 있을 수도 없을 수도 있다. 프리랜서 지식근로자도 마찬가지다. 고용은 점점 더 임시적, 비정규직, 단기적 형태를 띠게 된다.

## 296_ 팀조직의 가장 좋은 예는 외과 수술팀이다

"십여 명이나 되는 고도로 훈련받은 외과 수술팀 구성원 각자는 수술의 리듬, 진행과정, 그리고 각 수술단계에 발생하는 극히 사소한 변화에 대응하여, 누구도 명령을 내리지 않고 또 아무 말도 하지 않지만, 즉각 자신이 해야 할 각각의 역할을 수행한다."

Each of the dozen or more highly trained surgery people, immediately and without anyone's giving an order or saying one word, changes how he is doing the job with the slightest change in the rhythm, the progress, the flow of the operation.

∽

심장 개복 수술을 하는데는 수술책임 외과의사, 두 명의 보조 외과의사, 마취과의사, 환자의 수술준비를 돕는 2명의 간호사, 수술을 보조하는 3명의 간호사, 회복실을 맡는 두세 명의 간호사, 레지던트, 호흡기관 전문기사, 서너 명의 전자장치 전문기사 등이 투입된다. 그들은 각자 맡은 단 하나의 과업만 수행하고, 다른 어떤 과업에도 손대지 않는다. 그러나 수술팀 구성원 각자는 자신들을 "팀"의 일원으로 간주하고, 병원의 다른 사람들의 눈에도 팀처럼 보인다.

## 297_ 퍼스낼리티 숭배는 틀렸다

"경영학 연구에 따르면, 최고경영자의 직무는 진실로 팀을 필요로 한다고 결론을 내리고 있다."

Every study in the area of management comes to the conclusion that the top-management job does, indeed require a team.

∞

우리들이 하는 말과 행동 사이에 불일치가 점점 더 커지고 있다는 분명한 징후가 하나 있다. 우리는 팀의 장점에 대해 끊임없이 말들을 하고 있다. 그리고 모든 연구는, 최고경영자의 직무는 진실로 팀을 필요로 한다는 결론을 내리고 있다. 그런데도 불구하고, 현실적으로 우리는 최고경영자가 '슈퍼맨'이라도 되는 듯 극단적인 '퍼스낼리티 숭배'에 젖어 있다. 그리고 최고경영자의 승계를 어떻게 그리고 무슨 절차를 밟아야 하는지에 대해서는 주의를 기울이는 사람도 거의 없다.

## 298_ 변하는 고용관계

"많은 사람들이—비록 그 조직을 위해 일을 하고 있지만—더 이상 그 조직의 피고용자가 아니며, 그 조직의 풀타임 근로자가 아니다. 그들은 하청계약자로서 일을 하고 있다."

A very large number of people—though working for the organization—are no longer its employees, let alone its full-time workers. They are individual contractors

예를 들면, 병원이나 공장 건물을 청소하고 수리하는 사람들은 그곳의 종업원이 아니라, 수리용역을 제공하는 아웃소싱 계약자들이다. 그들은 임시직이거나 파트타이머이다. 점점 더 그들은 자신들이 보유한 능력을 기초로 일을 하거나 또는 구체적인 계약기간 동안만 일을 하는 하청업자로 변신하고 있다. 지금까지는 어떤 조직을 위해 일하는 사람들은 조직의 피고용자들이고, 풀타임으로 근무하고, 그들의 생계와 경력을 전적으로 그 조직에 의존한다고 가정했다.

우리나라의 많은 신문사들이 신문 제작 업무를 아웃소싱하고 있다. 많은 기업들은 사보제작을 외부 기획사로 넘겼다. 많은 대학들이 경비와 청소 업무를 용역회사에 맡기고 있다. 일본의 미쓰비시는 인력관리도 별도의 회사에 맡겼다.

## 299_ 정보이론은 풍요이론이다

"정보는 다른 모든 상품들과는 근본적으로 다르기 때문에 희소이론으로는 설명할 수가 없다. 반대로, 그것은 풍요이론을 적용해야 한다."

Information differs radically from all other commodities in that it does not stand under the scarcity theorem. On the contrary, it stands under an abundance theorem.

∽

정보에 대해서는 새로운 원칙이 등장하고 있다. 예컨대, 만약 내가 책 한 권을 팔고 나면, 나는 책이 한 권 없어지게 된다. 그러나 내가 가진 정보를 유출한다 해도 나는 여전히 그 정보를 보유하고 있다. 사실, 정보는 많은 사람들이 보유하면 할수록 그 가치는 더욱 커진다. 인터넷의 보급이 그다지도 빠른 이유도 그 때문이다.

## 300_ 경영과 국경

"경영의 범위와 국가의 경계는 더 이상 일치하지 않는다."

Management and national boundaries are no longer congruent.

∞

민족국가의 국경은 계속 그 중요성을 유지할 것이다. 그러나 다음과 같은 새로운 가정이 있어야만 할 것이다. 민족국가의 국경들은 일차적으로 제약요인(constraint factor)으로서 중요할 것이다. 경영의 실무는 점점 더 정치적으로가 아니라, 전략적(strategically)으로 규정되어야만 할 것이다.

제약산업이라든가 정보산업과 같은 산업들은 "국내"와 "국제" 부문을 구분하지 않고 있다. 그런 산업들은 전 세계가 하나의 시스템인 것처럼 운영되고 있으며, 개별적인 과제들은 그것이 연구이든, 디자인이든, 엔지니어링이든, 개발이든, 검사이든, 그리고 점점 더 증가하는 생산과 판매이든 간에, 각각 "초국가적으로" 조직되어 있다.

외부 환경 Peter F. Drucker

## 301_ 경영의 결과는 오직 조직 외부에만 존재한다

"경영의 영역은 오직 조직의 내부라고 하는 전통적 가정은, 경영자는 오직 비용에만 관심을 기울이는 것은 아니라 해도, 그 스스로 기울이는 노력에만 관심을 둔다는 의미이다. 그러나 그것은 틀렸다."

The traditional assumption that the inside of the organization is the domain of management means that management is assumed to concern itself with efforts, if not with costs only. But it is wrong.

∞

경영자들이 그렇게 간주하는 이유는 내부에서 기울이는 노력만이 조직 내에 존재하는 유일한 것이기 때문이다. 그리고 조직 내에 있는 것은 모두 비용 중심점(cost center)일 뿐이다. 그러나 (친목단체를 제외하고) 대부분의 기관의 성과는 오직 조직 외부에만 존재한다. 병원의 결과는 질병이 완치되어 퇴원한 환자이고, 학교의 성과는 그곳에서 배워 사회로 나간 학생이다. 병원과 학교의 내부에는 비용만 쌓여 있을 뿐이다. 결과는 외부에 존재한다는 말이다. 따라서 경영의 영역은 조직 내외부의 변화를 포괄한다.

## 302_ 로마 가톨릭교회

"가톨릭교회는 일반적으로 가장 보수적인 기관으로 간주되고 있다. 그리고 가톨릭교회의 자부심 그 자체가 변화에 둔감하다는데 있다. 그러나 과거를 돌이켜보면, 사회의 어떤 주요한 변화는 로마 가톨릭교회가 새롭고도 매우 다른 종교적 교단을 배출하도록 했다."

The Roman Catholic Church is usually considered the most conservative one—and prides itself on not being given to rapid changes. Yet, as an old observation has it: any major change in society produces new and very different religious orders in the Roman Catholic church.

∽

예를 들면, 이교도들이 로마제국을 침입했던 5세기경에는 베네딕트수도회가 태어났고, 그로부터 700여년 뒤 중세시대 도시들이 재등장하자 프란시스코수도회와 도미니크수도회가 등장했으며, 프로테스탄트의 종교개혁에 맞서 16세기에는 예수회가 등장했다. 프로테스탄트의 경우에도 마찬가지인데, 위대한 교회 사학자인 리처드 니버(1894~1962)는, 사회의 어떤 주요한 변화는 새로운 기독교 교파의 등장으로 이어졌다고 기술하고 있다.

## 303_ 인구문제

"선진국에서 전통적 기준의 노동인구(즉 15세에서 65세 사이)의 급격한 감소를 막을 방법이―전대미문의 대규모 이민을 제외하고는―없다. 그런 현상은 2025년 이후 미국에서, 그리고 다른 선진국에서는 그보다 훨씬 먼저 일어날 것이다."

There is nothing—except unprecedentally massive immigration—that can prevent a sharp drop in the labor force of traditional age(i.e. from 15 to below 65) in the developed world—in the US after 2025 or so, in the rest of the developed world much earlier.

∽

21세기 중반 이전에 모든 선진국에 닥칠 인구구조의 변화, 즉 노령인구가 젊은 인구보다 많은 인구구조는 역사적으로 전례가 없다.

앞으로 모든 선진국에서는, 그리고 모든 기관의 전략은 지금부터는 인구감소라는, 특히 젊은 인구의 감소라는 전혀 다른 가정에 기초를 두지 않으면 안 될 것이다. 지금까지 인구는 증가한다고만 생각했다. 따라서 우리는 토머스 맬서스(1766~1834)가 인구론에서 주장한 "식량은 산술급수적으로, 인구는 기하급수적으로 증가한다"는 명제를 일반적으로 받아들였다.

## 304_ 인구변화를 전략적으로 이용하라

"전략이란 곧 현재의 자원을 투입하여 미래에 기대되는 바를 얻으려고 하는 것이므로, 어떤 전략이라도 인구변화를 고려하여, 특히 선진국의 출산율 감소를 감안하여 출발해야만 한다. 모든 사회 발전 가운데서도 인구변화는 가장 극적이고, 가장 예상치 못한 것이고, 또한 전례가 전혀 없는 것이다."

Any strategy, that is any commitment of present resources to future expectations—and this, to repeat, is what a strategy means— has to start out with demographics and, above all, with the collapsing birthrate in the developed world. Of all developments, it is the most spectacular; the most unexpected, and one that has no precedent whatever.

∽

20세기의 경기 확장기 동안 경제적 만족을 위해 지출된 가처분 소득의 비율은, 경제전문가들과 대다수 기업의 경영자들이 믿고 있는 것과는 달리, 모든 선진국에서 줄곧 꾸준히 감소했었다. 20세기의 4가지 성장부문은 정부부문, 건강 및 의료부문, 교육부문, 그리고 여가활동부문이었다. 그리고 4가지 부문 모두 "자유시장"에 속해 있지 않다. 이 4가지 부문은 인구변화에 크게 영향을 받고 있다. 따라서 공급과 수요라는 경제적 원칙에 따라 움직이지 않으며, 그다지 "가격 탄력적"이지도 않고, 경제 모델에 적합하지도 않으며 기존의 경제이론들과 부합하지도 않는다.

## 305_ 은퇴연령의 연장

"은퇴연령을 늦추는 것은 '우파' 인가 아니면 '좌파' 인가?"

Is extending retirement age 'right' or 'left'?

❧

60세를 넘긴 사람들이 벌어들인 소득에서 소득세를 감면하거나 전액 면제함으로써 노인인구들로 하여금 60세를 넘어서도 계속 일하도록 부추기는 것은 "급진주의" 인가 "반동주의" 인가, "진보주의" 인가 "보수주의" 인가?

앞으로 20년 내에 모든 선진국의 은퇴연령이 79세 가량으로 올라가지 않으면 안 될 것이다. 79세의 나이라는 것은 기대수명이나 기대건강이라는 두 가지 관점에서 모두 1936년의 기준으로 65세 나이에 해당된다. 1936년은 서구국가로서는 미국이 국민은퇴계획 즉 사회보장제(social security)를 마지막으로 실시한 해이다.

## 306_ 이민 홍수

"이민 홍수를 예방하는 것은 중력의 법칙을 막는 것과 거의 다름 없다. 게다가 대규모의 이민, 특히 서로 다른 문화와 종교를 갖고 있는 국가들로부터의 이민보다 폭발성이 더 큰 문제는 없다."

To prevent immigration pressure is very much like preventing the law of gravity. Yet there is no more inflammatory issue than large scale immigration, especially from countries of different cultures and religions.

∞

이민에 따른 혼란은 한국이 심할 것은 틀림없는 사실이다. 그 이유 중 하나는 한국은 아직도 은퇴연령이 매우 낮고, 또 다른 이유는 한국의 노동시장이 철저히 경직되어 있고, 게다가 단일민족이라는 의식 때문에 이민을 허용하지 않았기 때문이다.

반대로, 이민 문제는 미국의 경우에는 가장 덜 심각할 것 같다. 미국은 결국 이민의 나라일 뿐만 아니라 동시에 미국은 가장 유연한 노동시장을 갖고 있기 때문이다. 그런 미국에서마저도 인구변화는 정치적 감정을 크게 일깨울 것이고 전혀 새로운―그리고 예상치 못한―정치적 변동을 초래할 것이다.

## 307_ 부유한 노인들이 경제를 좌우한다

"선진국에 있어 노령인구는 가장 부유한 사회집단이 되었는데, 그 이유는 그들의 은퇴후 소득은, 많은 경우, 그들의 은퇴전 소득보다 실질적으로 더 높기 때문이다."

In all developed countries older people have become the most prosperous group in the society, with their post-retirement incomes in many cases substantially higher than their pre-retirement incomes.

∞

노령인구의 숫자는 계속 증가할 것이다. 그러나 그들의 소득이 계속 높은 수준을 유지할 것인가 아니면 내려갈 것인가? 그리고 그들은 과거와 마찬가지로 자신의 소득을 계속 자유스럽게 소비할 것인가? 그리고―이것은 가장 큰 물음표를 붙여야겠는데―그들은 계속 "젊어" 보이기를 원하는가? 그리고 그것 때문에 돈을 쓸 것인가? 이런 질문에 대한 해답은 대부분 선진국의 소비시장을 구체적으로 형성하게 될 것이고 그와 더불어 전반적인 경제의 모양새를 결정지을 것이다.

## 308_ 권력의 속성

"권력은 부(富)를 따른다. 20세기 후반에는 육체노동자가 아닌 (비록 부자는 아니지만) 풍요한 중산층이 등장하여 현대 선진사회의 핵심적인 재산, 즉 공개기업이라는 기관을 만들었다. 그리고 그들은 집합적으로 공개기업의 법적 소유자가 되었다."

Power follows property. In the latter half of 20th century the emergence of an affluent (though by no means rich) middle-class of non-manual workers has led to the development of institutions such as the key property in a modern, developed society, that is of the publicly-owned corporations. And they become collectively the legal owners of the publicly-owned corporations.

∞

제임스 해링턴(1611~77)은 "권력은 부(富)를 따른다"고 분석했다. 1640년대의 영국혁명, 즉 새로운 부유계층인 지방의 향사(gentry)로 구성된 의회정부가 절대정부와 그 세습제도를 타파한 것은 부(富)가 귀족으로부터 지방의 지주계급으로 이동했기 때문이다.

20세기 후반, 인구변화는 모든 선진국에서 부의 분포를 이동시켰다. 지금 우리는 그에 따른 권력의 이동을 보기 시작한다. 두 종류의 사회발전이 있다. 하나는 중산층의 등장과 기대수명의 증가로 연기금과 같은 금융기관들의 발전이고, 다른 하나는 중산층들이 공개기업의 소유자들이 되고 있다는 것이다.

## 309_ 연금이 대주주로 등장했다

"지금 진행중인 기업 지배구조에 대한 논쟁의 배경은 기본적으로 기업이 누구의 이익을 위해 경영되어야 하는가에 대한 논쟁에 다름 아니다."

The present debate about the Governance of Corporations is basically a debate as to whose benefit businesses should be run.

∞

미래 연금수혜자를 위한 기관들은 지금 미국의 모든 공개기업의 주식 가운데 최소한 40퍼센트를 보유하고 있다. 아마도 대기업만 따진다면 60퍼센트 이상을 보유하고 있을 것이다. 그것이 지금 진행중인 기업 지배구조에 대한 논쟁의 배경인데, 이는 기본적으로 기업이 누구의 이익을 위해 경영되어야 하는가에 대한 논쟁에 다름 아니다. 그것은 "주주 이익"(shareholders interest)을 최우선적으로 추구하게 한 극적인 권력 이동의 배경이기도 하다. 일본과 독일에서 대기업들은 우선적으로 사회적 조화(social harmony)를 창출하고 유지하기 위해 경영되는 것으로 간주되고 있는데, 이것은 결과적으로 대기업들은 육체노동자들의 이익을 위해 경영된다는 것을 의미한다.

지식근로자의 속성　Peter F. Drucker

## 310_ 지식근로자의 이동성

"지식근로자들은 이동성이 높다. 그들은 언제라도 떠날 수 있다."

Knowledge workers have mobility. They can leave.

∞

　지식근로자는 "생산수단"(means of production), 즉 지식을 스스로 보유하고 있다. 지식은 머릿속에 있기 때문에, 다른 생산도구와 달리 이동이 쉽다. 지식근로자가 도전의욕을 느끼지 못하거나 혹은 직무에 만족감을 느끼지 못하면 스스로 떠난다.

## 311_ 지식근로자는 부하가 아니다

"지식근로자는 부하가 아니다. 그들은 '동반자'이다."

Knowledge workers are not subordinates; they are "associates".

∞

지식사회에서 종업원들은 차츰 "지식근로자"가 되고 있다. 일단 수습기간이 끝나고 나면, 지식근로자는 업무에 대해 그들의 보스보다도 더 많이 알지 않으면 안 된다―그렇지 않으면 그들은 일을 그만두어야만 한다. 사실, 지식근로자가 자신의 일에 대해 그들이 일하는 조직속의 누구보다도 더 많이 안다는 것은 지식근로자를 정의내리는 데 필요한 한 부분이다.

공군기지의 기상전문가는 기지사령관에 비하면 계급이 한참 밑이다. 그러나 그가 기상예측에 대해서 기지사령관이 알고 있는 것보다 엄청나게 더 많이 알지 않으면 그는 아무짝에도 쓸모없는 사람이다.

## 312_ 지식근로자는 파트너이다

"파트너들에게는 명령을 내릴 수 없다는 것이 파트너십의 정의이다. 그들은 설득해야만 한다. 지식근로자의 인적자원관리는 점점 더 마케팅관리와 닮아가고 있다."

It is the definition of a partnership that partners cannot be ordered. They have to be persuaded. Increasingly the management of knowledge workers is a marketing job.

∞

마케팅관리에서는, 사람들은 "우리가 원하는 것이 무엇인가?" 라는 질문부터 하지 않는다. 다음과 같은 질문부터 시작한다. "고객이 원하는 것이 무엇인가? 그것의 가치는? 그것의 목적은? 그 결과는 무엇인가?"

## 313_ 지식근로자 관리의 출발점

"지식근로자 관리의 출발점은 '성과관리'가 되어야만 한다."

The staring point of knowledge workers may have to be "managing for performance."

∽

지식근로자 관리의 출발점은 결과가 무엇인가 하는 것일는지도 모른다. 오케스트라의 지휘자와 축구의 감독 모두 그 출발점은 그들이 달성하고자 하는 성과이다. 세계 일류 오케스트라를 만든다든지, 월드컵 4강에 든다든지 하는 것 말이다.

지식근로자의 집합체라고 할 수 있는 대학이나 연구소의 경우는 더더욱 그렇다. 새로운 책임자가 대학이나 연구소를 맡은 후 1인당 논문은 몇편이 증가했으며, 졸업생의 평가는 얼마나 개선되었으며, 학생들에 의한 교수의 강의평가 점수는 어느 정도 높아졌는가 하는 것이 곧 성과관리이다.

## 314_ 목표를 달성하는 방법은 많다

"배불리 먹는 데는 두 가지 방법이 있다. 집에서 직접 요리를 해 먹거나 아니면 식당에 가서 사먹는 방법 말이다."

There are two ways of getting fed: cooking for oneself at home or going out to a restaurant.

∞

하나의 욕구가 차츰 다른 여러 수단에 의해 충족되고 있다. 사실, 고유한 것은 "욕구" 그 자체이지, 그 욕구를 충족시키는 수단은 고유하지 않다.

전통적인 기독교파의 교회에서는 신도 수가 꾸준히 감소하고 있는 반면, 신흥 대규모 교회는 폭발적으로 성장하고 있다. 신흥 교회가 성장하고 있는 것은 그들이 비신도들에게 "무엇이 가치를 제공하는가?" 하고 질문을 했기 때문이었다. 그리고 그것을 제공하고 있기 때문이다.

## 315_ 지식작업의 노동역설

"지식중심 작업에서 추가적 자본투자는 노동을 덜 필요로 하는 것이 아니라 더 필요로 할 것 같다."

In knowledge-based work especially, additional capital investment is likely to require more rather than less labor.

자동화기기를 설치하는 은행들은 창구직원들을 비례적으로 축소할 가능성이 크다. 그러나 MRI나 CT 등 새로운 첨단진단 도구를 구입한 병원은 그 때문에 기존의 종업원을 해고하지는 않을 것이다. 반대로 병원은 새로운 도구를 운영하기 위해 네댓 명의 종업원을 더 채용해야 할 것이다.

## 316_ 테일러와 과학적 관리

"20세기에 테일러의 철학과 겨룰 수 있는 세계적인 철학은 단 하나뿐이었다. 그것은 마르크시즘이었다. 그러나 결국 테일러는 마르크스를 넘어뜨리고 승리했다."

In the 20th century. there has been only one world-wide philosophy that could compete with Tailor's: Marxism. And in the end, Taylor has triumphed over Marx.

∽

"과학적 관리"(그리고 그 후계자 격인 "산업공학")는 세계를 휩쓴 단 하나의 미국 철학이었다. 과학적 관리는 미국에게 제2차 세계대전에서는 독일과 일본 모두를 이길 수 있는 능력을 제공했고, 전쟁 물자의 생산에서는 두 나라보다 몇 배나 많은 생산을 할 수 있도록 했다.

피터 드러커에 따르면 "과학적 관리"는 종전 후 일본과 한국에 도입되어 일본의 부흥과 한국의 공업화의 밑바탕이 되었다고 한다.

## 317_ 생산성 임금

"테일러는, 근로자는 그들의 노동 투입량에 대해서가 아니라, 예컨대 노동시간이 아니라 그들의 생산성에 따라, 즉 그들의 산출고에 따라 임금을 받아야 한다고 역설했다—이 주장은 노동조합에게는 지금도 저주(咀呪)이다."

Taylor advocated—and this is still anathema to a labor union—that workers be paid according to their productivity, that is for their output, rather than for their input, e.g for hour worked.

∽

테일러는 육체작업에는 숙련이란 것은 없다는 것을 증명했다. 육체작업에는 다만 단순, 반복적인 동작들뿐이다. 육체작업의 생산성을 올리는 것은 지식이다. 지식은 단순하고 미숙련된 동작을 통합하고, 조직하고, 그리고 행동에 옮기게 하는 방법을 제공한다. 사실상, 테일러는 지식을 작업에 적용한 최초의 사람이다.

## 318_ 선진국 노동력의 중심

"선진국의 중심적 도전은 지식근로자의 생산성 향상일 것이다. 지식근로자들은 급속도로 모든 선진국의 노동력 가운데 단일집단으로서는 가장 큰 집단이 되고 있다."

In developed countries, the central challenge will be to make knowledge workers productive. Knowledge workers are rapidly becoming the largest single group in the working force of every developed country.

∞

지식근로자들은 이미 미국 노동력의 5분의 2를, 그리고 아직은 그보다는 적지만 다른 모든 선진국의 노동력 가운데서도 빠르게 성장부문이 되고 있다. 선진 경제의 미래번영 그리고 진정한 미래의 생존은 무엇보다도 지식근로자의 생산성에 점점 더 의존할 것이다.

## 319_ 육체노동자의 생산성 향상 방법

"육체노동자의 생산성을 높이는 최초의 단계는 작업을 면밀히 검토하고 그리고 그 구성 동작들을 분석하는 것이다. 그 다음 단계는 각 동작을 기록하고, 그 작업에 들어가는 노력과 시간을 기록하는 것이다. 그런 다음에는 필요 없는 동작들을 제거한다."

The first step in making productive the manual worker is to look at the task and to analyze its constituent motions. The next step is to record each motion, the physical effort it takes and the time it takes. Then motions that are not needed can be eliminated.

∽

육체작업을 관찰할 때마다 우리가 전통적으로 꼭 필요하다고 여겼던 동작들 가운데 많은 것이 낭비이고 아무 것도 기여하는 것이 없다는 것이 드러난다. 제품을 만드는데 필수적인 것으로 인정된 동작들 각각은 가장 단순한 방식으로, 가장 쉬운 방식으로, 작업자에게 최소의 육체적, 정신적 긴장을 주는 방식으로, 그리고 가장 짧은 시간에 할 수 있도록 조정한다. 또 그 다음에는 이런 행동들은 다시 논리적으로 분석하여 연속인 "직무"로 함께 묶는다. 마지막으로, 행동을 하는데 필요한 도구들을 다시 설계한다.

## 320_ 지식근로자의 생산성

"20세기에, 경영이 기여한 것 가운데 가장 중요하고, 진실로 고유한 것은 제조분야에서 육체노동자의 생산성을 50배나 증가시킨 사실이다. 21세기에, 경영이 수행해야 할 가장 중요한 기여는 마찬가지로 지식작업과 지식근로자의 생산성을 향상시키는 것이다."

The most important, and indeed the truly unique, contribution of Management in the 20th century was the fifty-fold increase in the productivity of the MANUAL WORKER in Manufacturing. The most important contribution Management needs to make in the 21st century is similarly to increase the productivity of KNOWLEDGE WORK and KNOWLEDGE WORKER.

∽

20세기의 회사가 보유한 가장 가치 있는 자산은 그 회사의 생산시설(production equipment)이었다. 경제성장은 경제학자들이 "자본"이라고 부르는 것의 성장을 의미했다. 경제학자들이 "노동"이라고 부르는 것, 즉 근로자의 생산성에서는 19세기 말까지는 거의 성장이 없었다. 근로자들이 더 열심히 일하거나 더 오랫동안 일을 함으로써만 더 많이 생산할 수 있었다. 그 반면, 21세기의 기관들이, 그것이 기업이든 또는 비기업이든 간에, 보유하는 가장 가치 있는 자산은 그 기관의 지식근로자들일 것이고, 그들의 생산성 향상이 그 기관의 생존에 결정적일 것이다.

## 321_ 지식근로자와 육체노동자의 차이

"지식근로자 생산성에 관한 중요한 질문 가운데 첫번째 것은, '과업은 무엇인가?' 하는 것이다. 그것은 또한 육체노동자 생산성에 관한 것과는 가장 크게 차이가 나는 질문이다. 육체작업에서 핵심 질문은 언제나, '작업은 어떻게 수행되어야 하는가?' 이다."

The crucial question in Knowledge Worker Productivity is the first one: WHAT IS THE TASK? It is also the one most at odds with Manual-Worker Productivity. In manual work the Key Question is always: HOW SHOULD THE WORK BE DONE?

∞

육체작업에서 과업은 언제나 (직무기술처, 작업지시서, 상사의 명령 등) 주어진 것이다. 따라서 육체작업에서 무엇을 해야 할지는 항상 분명하다. 육체근로자 생산성에 관해 연구하는 사람 가운데 누구도 "육체노동자가 해야 할 작업이 무엇인가?"라고 질문해 본 적이 없다. 그들의 유일한 질문은, "어떻게 하면 육체노동자가 주어진 직무를 가장 잘 수행할 수 있는가?"였다. 육체노동자가 할 일이 없으면, 그것은 조직의 책임이다.

지식근로자는 자신이 할 일을 스스로 결정한다. 예컨대 교수, 연구원, 변호사 등은 그날 할 일을 자신이 정하고 일하는 방법도 자신이 선택한다. 할 일이 없으면 할 일을 찾아야 한다. 지식근로자가 할 일이 없으면, 그것은 자신의 책임이다.

## 322_ 지식작업의 특징

"지식작업에서는, 과업 자체가 근로자에게 무엇을 어떻게 하라고 지시하지는 않는다. 지식근로자 스스로 무엇이 과업인지 또는 과업이어야 하는지를 규정할 것을 요구한다. 그리고 지식근로자만이 스스로 그것을 할 수 있다."

In knowledge work, the task does not program the worker. This then requires that the knowledge workers themselves define what the task is or should be. And only the knowledge workers themselves can do that.

∽

병원에서의 응급상황은, 예를 들면, 환자가 갑자기 혼수상태에 빠졌을 때는 당연히 간호사의 과업은 정해져 있고, 또한 간호사가 어떻게 행동해야 하는지 사전에 정해진 의료규칙이 있다. 그러나 그렇지 않은 경우, 환자의 침상 옆에서 시간을 보낼지 또는 서류 작성에 시간을 보낼지 하는 것은 대부분 간호사가 스스로 결정한다. 엔지니어들은 끊임없이 과업에서 벗어나 보고서를 쓰거나 또는 고쳐 쓰거나, 회의에 참석하도록 요청 받거나, 또는 잡다한 업무를 수행한다. 따라서 지식작업의 문제를 해결하는데 필요한 첫 번째 요구사항은 지식근로자를 어떤 하나의 과업에 집중시키고 나머지 모든 것은 가능한 한 제거하는 것이다.

## 323_ 지식근로자의 생산성을 결정하는 6가지 주요 요소

"첫째, 지식생산성 향상의 출발점은 '수행해야 할 과업이 무엇인가?'라는 질문이다. 둘째, 지식근로자는 스스로 자신의 생산성 향상 책임을 지기 때문에, 자신을 관리해야만 하고, 자율성을 보장받아야만 한다. 셋째, 지속적인 혁신은 지식근로자의 작업의, 과업의, 그리고 책임의 한 부분이다. 넷째, 지속적인 배움과 지속적인 가르침은 지식근로자의 속성이다. 다섯째, 지식근로자의 생산성은 산출량뿐만 아니라, 품질도 마찬가지로 중요하다. 여섯째, 지식근로자에게 지출하는 인건비는 '비용'이 아니라 '자산'으로 인식되고 또 취급되어야 한다. 그리고 지식근로자는 다른 어떤 기회보다도 조직의 목적달성을 위해 노력하는 것을 최우선적으로 고려해야 한다."

SIX major factors determine knowledge worker productivity.
1. Knowledge worker productivity demands to ask the question: "What is the task?" 2. It demands the responsibility for their productivity on themselves. So knowledge workers have to manage themselves, and have autonomy. 3. Continuing innovation has to be part of the work, the task and the responsibility. 4. Knowledge work requires continuous learning and continuous teaching. 5. Quantity and Quality of output, both are equally important. 6. Knowledge worker is both seen and treated as an 'asset' rather than a 'cost'. And knowledge workers have to work for the organization in preference to all other opportunities.

## 324_ 지식근로자가 스스로 해야 할 질문

"지식근로자는 스스로 다음과 같이 질문해야 한다.
1) 나는 누구인가? 나의 강점은 무엇인가? 나의 일하는 방식은 어떤 것인가?
2) 나는 어디에 속해야 하는가?
3) 내가 기여하고 있는 것은 무엇인가?
4) 나는 어떤 관계 책임을 져야 하는가?
5) 나는 인생의 후반부를 계획하고 있는가?"

Knowledge workers have to ask by himself as follows.
1. Who am I? What are my strengths? How do I work?
2. Where do I belong?
3. What is my contribution?
4. What relationship responsibility do I have to take?
5. Do I plan for the Second Half of My Life?

글로벌 스탠더드 — Peter F. Drucker

## 325_ 국제 경쟁력

"모든 조직은 국제경쟁력을 전략적 목적으로 삼아야 한다."

All institutions have to make global competitiveness a strategic goal.

∽

기업이든, 대학이든, 또는 병원이든 간에 어떤 조직도 해당 산업의 세계적 지도자들이 설정한 글로벌 스탠더드를 따를 수 없다면, 세계 어디에서 사업을 하든 간에, 성공은 차치하고라도, 생존조차도 기대할 수 없을 것이다.

전세계적으로 앞으로 몇 십년 동안 틀림없이 보호주의 물결에 휩쓸리게 될 것이다. 왜냐하면 혼란의 시기를 맞으면 첫 번째로 취하는 반응이 바깥에서 불어오는 찬바람으로부터 자신의 정원을 보호하기 위해 높은 벽을 쌓으려고 노력하는 것이니까. 그러나 아무리 원가가 낮다 해도, 또는 아무리 정부 보조가 많다 해도, 세계 최고 수준 이하의 성과라는 것은 결국 경쟁력을 상실하고 만다. 관세율이 아무리 높다 해도, 또는 수입할당이 아무리 낮다 해도, "정부의 보호정책"은 더 이상 아무 것도 보호하지 못한다.

## 326_ 전략의 목적


"전략의 목적은 조직으로 하여금 예측할 수 없는 환경에서도 조직이 원하는 결과를 달성하도록 하려는 것이다. 왜냐하면 전략은 조직으로 하여금 기회 탐색적 활동을 의도적으로 할 수 있도록 해주기 때문이다."

The purpose of a strategy is to enable an organization to achieve its desired results in an unpredictable environment. For strategy allows an organization to be purposefully opportunistic.

∞

무엇이 "기회"인지는 전략이 있을 때에만 결정될 수가 있다. 그렇지 않으면, 진정 무엇이 조직으로 하여금 그 원하는 결과를 향해 나아가도록 해주는지, 그리고 무엇이 조직의 자원을 딴 데로 돌리고 또한 낭비하는지 분간할 방법이 없다.

## 327_ 경영자의 과업

"경영자는 조직의 결과와 성과에 초점을 맞추지 않으면 안 된다. 정말이지, 경영자의 첫 번째 과업은 주어진 어떤 조직에서 결과와 성과가 무엇인지 먼저 밝히는 것이다."

Management must focus on the results and performance of the organization. Indeed, the first task of management is to define what results and performance are in a given organization.

∽

경영자가 관심을 두고 또 경영자가 최종적으로 책임을 지는 것은 조직의 성과와 조직의 결과에 영향을 미치는 모든 것들에 대해서다. 그것이 조직의 안이든 밖이든 간에, 그리고 조직의 통제범위 안에 있든 아니면 전적으로 통제범위를 벗어나 있든 간에 말이다. 따라서 조직 외부에 결과를 제공하기 위해 조직의 자원을 재정비하는 것은 경영자의 고유한 기능이다.

## 328_ 지식이 생산요소인 시대, 경영자의 임무는?

"경영자의 임무는 자신이 근무하고 있는 기관의 재산을 보존하는 것이다. 그렇다면 개별 지식근로자가 가진 지식이 재산, 그것도 핵심 자산인 경우에 그것은 무엇을 의미하는가?"

Management's job is to preserve the assets of the institution in its care. What does this mean when the knowledge of the individual knowledge worker becomes an asset, and the main asset of an institution?

∞

앞으로 점점 더 그렇게 될 터이지만, 지식이 어떤 기관의 주요 재산이 되는 경우에 경영자의 임무는 무엇이어야 하는가? 그것은 인적자원 관리 정책이라는 점에서는 무엇을 의미하는가? 최고로 생산성이 높은 지식근로자를 유인하고 보유하려면 무엇이 필요한가? 지식근로자의 생산성을 향상하기 위해서는 무엇이 필요하고, 그리고 그들의 증가된 생산성을 조직의 성과 역량(performance capacity)으로 전환하기 위해서는 무엇이 필요한가? 등을 질문하지 않으면 안 된다.

## 329_ 기업 전략의 기초적 조건

"기업은 (그리고 대학과 같은 다른 기관들도) 세 가지 경제 영역, 즉 글로벌, 리저널, 그리고 로컬에서 동시에 활동하고 또 성과를 내지 않으면 안 된다. 이것이 바로 경영전략의 기초적 조건으로 삼아야 할 현실이다."

Businesses—and other institutions, e.g. universities—have no choice. They have to live and perform in all spheres, namely global, regional, and local at the same time. This is the reality on which strategy has to be based.

∞

21세기, 우리는 세 가지의 중복되는 경제 영역을 갖고 있다. 돈과 정보는 진정한 글로벌 경제(global economy)를 만들고 있다. 재화가 자유롭게 유통되고, 그리고 서비스와 사람의 이동에 대한 장애물이 줄어들고는 있는 지역주의 경제(regional economy)가 있다. 그리고 마지막으로 민족적(national), 지방적(local) 현실들이 점점 더 자리를 잡아가고 있는데, 이것은 경제적인 현실일 뿐만 아니라 정치적인 현실이다. 조직은 세 가지 경제 영역에서 동시에 존재하고 또한 성과를 내지 않으면 안 된다. 다른 선택의 여지가 없다.

## 330_ 성숙산업의 전략

"성숙산업은 변화에 신속히 적응하기 위해서 전략적 제휴, 파트너십, 그리고 공동투자 등을 고려하여 경영할 필요가 있다."

A mature industry needs to be managed for alliances, partnerships, and joint ventures to adapt rapidly to trend shifts.

∽

제약산업이 하나의 예이다. 제2차 세계대전 직전 설파제(sulfa drug)와 항생제를 발명한 이후 제약산업은 선두적인 성장산업이었다. 1990년대에는 제약산업이 성숙산업이 되었다. 그것이 의미하는 것은, 제약산업이 오래된 수요를 만족시킬 수 있는 새로운 방법으로 빨리, 그리고 갑작스럽게, 이동할 가능성이 매우 높다는 것이다. 예를 들면, 화학합성 의약으로부터 유전공학, 분자생물학, 의학용 전자공학, 혹은 심지어 "대체의학"으로 이동하고 있다.

사양산업에서는 양적 성장보다는 산업 내에서 회사가 차지하는 지위를 강화하기 위해 의도적인 원가절감 그리고 품질과 서비스의 지속적인 개선을 추구하지 않으면 안 된다.

## 331_ 기업의 생존전략

"모든 조직은 자신이 산출하는 성과가 무엇을 의미하는지 철저히 생각해야만 할 것이다. 과거 그것은 분명하고도 단순했다. 더 이상은 그렇지 않다. 앞으로 전략은 성과에 대한 새로운 정의를 바탕으로 수립되어야만 할 것이다."

All institutions will have to think through what performance means. This used to be obvious and simple. It no longer is. And strategy increasingly will have to be based on new definitions of performance.

∽

영리기업의 평균 수명은 30년을 넘은 적이 없었다. 그러므로 우리는 기업에서 "성과"라는 것이 무엇을 의미하는지에 대해 새로운 개념을 개발하는 법을 배워야만 할 것이다. 그리고 새로운 측정방법 같은 것도 개발해야 할 것이다. 그와 동시에 성과는 지식근로자가 의미를 부여할 수 있도록, 그리고 지식근로자가 조직에 전념할 수 있도록 비금전적으로도 규정될 수 있어야만 할 것이다. 그것이 바로 비금전적인 보상, 즉 "가치보상"(value return)이다.

## 332_ 윤리경영

" '흥정 없는 거래 없다'라는 속담이 있다. 경제적 현실과 정치적 현실 사이의 불일치를 해결하기 위해 기업이 준수해야 할 첫 번째 규칙은, 경제적 현실을 충족시키지 않는 것이라면 그 어떤 것도 하지 말아야 한다는 것이다."

"There ain't no bargains." is old folk wisdom. But the first rule for a business in managing the incongruence between economic reality and political reality is not to do anything that does not satisfy economic reality.

∞

거래를 할 때 먼저 다음과 같은 질문을 해야만 한다. "만약 우리가 그 뇌물을 받아들이지 않았다 해도, 그것을 우리의 기업 전략으로써 실행했겠는가?" 만약 그 대답이 "아니오"이면, 그 뇌물이 아무리 구미가 당긴다 해도 그것을 받아서는 안 된다. 그러나 비록 그 대답이 "예"라고 하더라도, 제안된 뇌물에 대해서는 "아니오"라고 하는 것이 현명한 것임을 두말할 나위가 없다. 모든 경험이 보여주는 바와 같이, 그런 뇌물을 받게 되면, 끝내는 그 대가를 치러야 한다. 그것도 엄청난 대가를 말이다.

## 333_ 윤리경영이 필요한 이유

"글로벌 경제에서는 무엇을 하지 말아야 하는가 하는 것만은 분명하다. 경제적 의사결정을 어떤 지방의 정치적 목적에 맞추기 위해 제공된 뇌물을 받아들이는 것 말이다."

In global economy, it is clear what not to do. That is to be willing to be bribed to subordinate economic decisions to local politics.

∽

정치적 행정단위는 경제적으로 차츰 영향력이 약해지기 때문에, 경제적 이익을 얻기 위해서라면 온갖 종류의 뇌물이라도 제공하려는 유혹에 빠지게 된다. 예를 들면, 세금감면, 특별보호관세, 독점권 부여, 온갖 종류의 보조금 등의 제공 말이다.

더 나쁜 것들도 많다. 많은 경우 뇌물은—특히 소규모 국가들이 제공한 많은 뇌물은—어떤 회사로 하여금 어떤 특정한 국가로 진출하게 하거나 또는 곤경에 처한 지역의 회사에다 구제금융을 제공하게 하는 하나의 이유이다. 따라서 경제적 현실에 따라 내린 결정이 아니라 이런 뇌물에 의해 내린 경제적 결정은 틀림없이 실패로 끝나버릴 것이라는 점은 예상할 수 있는 일이다.

## 334_ 환위험

"모든 기업은 외환노출 위험을 관리하는 법을 배워야만 할 것이다. 전략을 수립할 때는 통화가치는 계속해서 급변하고 또한 불안정할 것이라는 가정에 기초하여야 할 것이다."

All businesses will have to learn to manage their currency exposure. Strategy has to be based on the assumption that currencies will continue to be volatile and unstable.

∽

오늘날 모든 기업은, 심지어 순수한 지역적 기업마저도, 세계경제 체제 속에 있다. 외환노출 위험 그 자체만으로도, 어떤 기업이 다른 나라에 수출하지 않는다 해도 또는 외국으로부터 수입을 하지 않는다 해도, 그 기업은 화폐가치의 변화에 영향을 받는다.
전적으로 지방에서만 사업을 하는 멕시코 기업마저도 몇 년 전 멕시코의 페소화가 갑작스럽게 폭락함에 따라 큰 타격을 받았다. 인도네시아의 가장 순수한 형태의 지방 기업도 1998년 인도네시아의 루피화가 갑작스럽게 폭락함에 따라 큰 손해를 보았다. 우리나라도 마찬가지다. 모든 국가의 통화가치는 경제적으로 아무런 합리적 근거도 없이 움직이는 국제 단기자금의 이동에 좌지우지되고 있다.

## 335_ 투기의 결과

"투기는 (15세기 유럽의 메디치 은행을 시작으로) 수세기 동안의 금융의 역사가 가르쳐 주는 것과 같이 단 하나의 절대적으로 분명한 결과, 즉 파국적 손실만 초래한다."

Speculation—as centuries of financial history teach (beginning with the Medici in the 15th century Europe)—has only one, but an absolutely certain outcome: catastrophic losses.

⌘

전통적인 금융산업은 전세계적으로 너무 과도하게 확장되었고 점점 더 이익이 떨어지고 있다. 그 이유는 부분적으로 사업영역이 줄어들었고, 줄어든 사업영역에서의 경쟁이 치열해져서 이익이 궤멸적 수준에 이를 정도로 떨어졌기 때문이다. 그 결과 거대금융 기관들은 불어난 간접비를 충당하기 위해 점점 더 "자신들을 위한 거래"를, 즉 투기를 직접적으로, 공공연하게 하게 되었다. 결국 1990년대 중반 아시아에서 시작된 금융위기는 세계 금융산업이 자신의 미래추세를 성장산업으로 잘못 판단한 결과 초래된 것이다.

## 336_ 국가의 규모는 작아지고 있다

"1914년 이래, 국가 주권은 점점 더 분리되는 추세이다. 돈과 정보가 '초국가적'(이것은 실질적으로 돈과 정보가 그 어떤 국적을 갖지 않는다는 것을 뜻한다)으로 되었기 때문에, 오히려 소규모의 정치적 단위가 경제적으로 더 경쟁력을 갖게 되었다."

Since 1914, the trend of national sovereignty has been towards increasing splintering. Small political units have become economically more viable because money and information have become "transnational"(which actually means that they have no nationality whatever).

∞

세계 역사에서 제국들은 1914년 이전에 사라졌다. 오스트리아·헝가리 제국과 오트만 제국, 유라시아 제국, 그리고 공산제국 등이 그 예이다. 그와 동시에 돈과 정보는 "초국가적"으로 되었다. 1950년부터는 소규모의 국가들이 차례차례로 독립하게 되었고, 각자 독자적인 정부, 독자적인 군대, 독자적인 외교기관을 갖추고, 독자적인 조세 및 재정정책 등을 집행했다. 51개국으로 출발한 UN은 지금 191개국이 가입해 있다. 그러나 민족국가의 정치는 여전히 경제적 합리성과는 동떨어져 있다. 같은 EU 국가들이면서도, 벨기에의 과잉시설을 폐쇄하고 그 시설을 국경으로부터 불과 30마일 떨어진 곳에 있는 프랑스의 자회사로 이전하는 것마저도 정치적으로 불가능하다.

## 337_ 힘을 분산해서는 안 된다

"전략은 어떤 기관으로 하여금 의도적으로 기회를 추구하도록 해준다. 만약 기회로 보이는 것이 그 기관의 전략적 목적을 달성하도록 해주지 않는다면, 그것은 기회가 아니다. 그것은 힘의 분산에 지나지 않는다."

A strategy enables an institution to be purposefully opportunistic. If what looks like an opportunity does not advance the strategic goal of the institution, it is not an opportunity. It is a distraction.

∞

비록 어떤 기회가 특정한 국가적 현실, 즉 정치적 현실에 적합하다 해도 기업의 목적을 앞당겨 달성해주는 것이 아니라면 그것 역시 힘을 분산시키는 것이므로 손대지 않아야 한다. 그렇지 않으면 정말이지 그것은 실패로 끝나고 만다.

변화관리 Peter F. Drucker

## 338_ 변화의 원칙

"사람은 변화를 관리할 수 없다. 사람은 오직 변화를 남보다 앞서 감지하고 행동할 수 있을 뿐이다. 급격한 구조조정 시대에 생존할 수 있는 유일한 조직은 변화 주도자뿐이다."

One cannot manage change. One can only be ahead of it. In a period of rapid structural change the only ones who survive are the Change Leaders.

∞

"변화는 피할 수 없다"는 것을 오늘날 누구나 받아들이고 있다. 그러나 그것은 여전히 변화란 (피할 수 없는) "죽음과 세금"과 같은 것임을 의미한다. 할 수만 있다면 변화 그 자체는 가능한 한 뒤로 연기해야만 하는 것이고, 그리고 가능하면 무변화가 무엇보다도 좋은 것이라는 생각을 깔고 있다.

그러나 대혼란 시대에 변화는 하나의 일상이다. 분명히, 그것은 고통스럽고 위험스러우며, 무엇보다도 엄청난 고된 작업을 요구한다. 그러나 변화에 적응하는 것을 조직이 수행해야 할 과제로 인식하지 않으면 그 조직은 생존하지 못할 것이다.

## 339_ 변화주도자의 요건

"변화 주도자는 변화를 탐색하고, 올바른 변화를 찾는 방법을 알아야 하고, 그리고 변화를 이용하여 조직 내외부적으로 목적을 달성하는 방법을 알아야 한다. 그렇게 하기 위해서는,
1) 미래를 만들기 위한 정책
2) 변화를 탐색하고 예측할 수 있는 체계적 방법
3) 조직 내외부적으로 변화를 추진할 올바른 방법
4) 변화와 연속 사이에 균형을 취할 정책을 필요로 한다."

A change leader sees change as opportunity. A change leader looks for change, knows how to find the right changes and knows how to make them effective both outside the organization and inside of it. This requires
1) policies to make the future
2) systematic methods to look for and to anticipate change
3) the right way to introduce change, both within and outside the organization
4) and policies to balance change and continuity

## 340_ 변화주도자의 자세

"변화 주도자가 된다는 것은 새롭고도 상이한 것들을 새로 하는 것만큼이나, 기존의 것을 바꿀 의사와 함께 기존의 것을 바꿀 수 있는 능력을 필요로 한다. 변화주도자가 된다는 것은 '현재'가 '미래'를 창조할 수 있도록 하는 정책을 필요로 한다."

To be a change leader requires the willingness and ability to change what is already being done just as much as to do new and different things. It requires policies to make "the present" create "the future".

∽

변화 주도자의 첫 번째 정책은 "어제"를 버리는 것이다. 더 이상 성과를 내지 못하는 것을 계속 유지하기 위해 투입되고 있는 자원을 해방시키는 일이다. 정말이지, "어제"를 먼저 포기하지 않고 내일을 창조한다는 것은 불가능하다. 어떤 기관은 어제를 유지하기 위해서 자신의 가장 희소하고도 가장 귀한 자원을—그리고 무엇보다 가장 유능한 사람을—아무런 결과도 산출하지 못하는 곳에 투입한다. 그러므로 변화를 추진하는데는 반드시 높은 지위의 사람 그리고 능력이 증명된 사람의 리더십을 필요로 한다.

## 341_ 변화주도자의 첫 번째 과업: 조직적 폐기

"변화주도자가 조직 전반에 걸쳐 수행해야 할 첫 번째 과업은 조직적 폐기를 추진하는 것이다. '무엇을 버리는가?'와 '어떻게 버리는가?'는 체계적으로 이뤄져야 한다. 그렇지 않으면 그런 작업은 늘 '뒤로 밀리고' 만다. 왜냐하면 폐기란 절대로 '인기 있는' 정책이 아니니까."

The first change policy of Change-Leader, throughout the entire institution, has to be Organized Abandonment. "To Abandon What" and "To Abandon How" have to be practiced systematically. Otherwise they will always be "postponed;" for they are never "popular" policies.

∞

변화주도자는 모든 제품을, 모든 서비스를, 모든 프로세스를, 모든 시장을, 모든 유통채널을, 모든 고객과 최종 용도를 시험대에 올려놓는다. 변화주도자는 그것을 정규적인 스케줄에 따라 그렇게 한다. 그런 뒤에는 다음과 같은 질문들을 해야 한다―그것도 진지하게 질문해야 한다. "만약 우리가 이것을 그 전부터 하지 않았다면, 지금 우리가 알고 있는 그 방식대로, 이것을 다시 시작할 것인가?"

가장 큰 배려를 해야 하고 가장 많은 노력을 필요로 하는 것은 항상 다 죽어가는 제품, 서비스, 또는 프로세스이다. 이런 것들이 가장 생산적이고 또한 가장 유능한 사람들의 발목을 붙들고 있다.

## 342_ 질문의 순서

"'그것에 비용이 얼마나 들었지?' 라는 질문은 절대로 첫 번째로 해서는 안 된다. 질문은 '그것이 생산할 것이 무엇인가?' 여야 한다. '폐기를 어떻게 하는가?' 하는 것은 두 번째 질문이다. 급격한 변화의 시대에는 '어떻게 하는가?' 하는 방법론은 '무엇을 할 것인가?' 하는 목적론보다 훨씬 더 빨리 무용지물이 되기 쉽다."

The first question is never "What have they cost?" The question is "What will they produce?" How to act on abandonment is the second question. In a period of rapid change the "How" is likely to become obsolete faster than the "What?"

∞

GM의 새턴(Saturn)은 GM의 쇠퇴하는 브랜드를 예를 들면, 올스모빌과 뷰익 등의 시장을 빼앗았다. 그러자 GM은 새턴의 판매를 억제하기 시작했다. 새턴의 공장 확장 투자도 취소됐다. 대신에 그 돈은 올스모빌과 뷰익공장을 "현대화"하는 무모한 계획에 투입되었다. 새턴 공장에는 신제품개발 투자도 거부됐다. 또 다시 그 돈은 올스모빌과 뷰익의 재설계에 투입되었다. 그리고 새턴공장의 새롭고도 성공적인 노사협력 제도가 GM의 여러 다른 공장들로 확산되는 것을 두려워한 나머지 GM의 노조는 새턴공장의 노사관계를 폐기해버리고 말았다. GM은 "올스모빌과 뷰익에 얼마나 투자되었는가?" 하는 것을 첫 번째로 질문했던 것이다.

## 344_ 변화주도자의 세 번째 과업 : 성공 경험의 활용

"변화주도자가 개발해야 할 필요가 있는 그 다음 차례의 정책은 성공 경험의 활용이다."

The next policy which the Change-Leader needs to develop is the exploitation of success.

∞

소니의 모든 가전제품들은—이 분야에서 소니는 세계의 선두주자이고 또한 가장 지명도가 높다—소니가 발명하지도 않은 제품, 즉 녹음기에 기초하여 개발된 것들이다. 녹음기에 기초하여 개발된 소니의 성공적인 제품은 그 다음 제품을 만드는데 응용되었고, 그리고 많은 제품들은 소니를 세계 최대 기업으로 만들었을 뿐만 아니라 세계에서 가장 일관성 있게 성공한 기업으로 성장시킬 만큼 성공적이었다.

소니는 성공 경험을 바탕으로 계속 성공하고 있는 중이다. 그러나 과거의 성공 경험에 매몰되어서는 안 된다.

## 343_ 변화주도자의 두 번째 과업 : 카이젠

"변화주도자의 두 번째 정책은 일본 사람들이 카이젠(改善)이라고 말하는 조직적 개선이다. 어떤 기업이 기업 내외부적으로 무엇을 하든 간에, 그 기업은 체계적으로 그리고 끊임없이, 제품과 서비스를, 생산 프로세스를, 마케팅을, 고객 서비스를, 기술을, 인적자원의 훈련과 개발을, 정보의 활용을 개선하지 않으면 안 된다."

The next policy for the Change-Leader is Organized Improvement (what the Japanese call Kaizen). Whatever an enterprise does internally and externally needs to be improved systematically and continuously: product and service; production precesses; marketing; service; technology; training and development of people; using information.

∞

그러나 끊임없는 개선(continuing improvement)은 사전에 중요한 결정을 필요로 한다. 어떤 분야에서 "성과"를 구성하는 요소들은 무엇인가? 만약 우리가 성과를 향상시키고자 한다면—그리고 끊임없는 개선이 노리는 것이 바로 성과 향상인데—우리는 그 "성과"가 무엇을 의미하는지 분명하게 결정할 필요가 있다.

## 345_ 기회에 초점을 맞추어야 한다

"변화주도자가 되기 위해서 기업은 기회에다 초점을 맞추어야 한다. 문제들은 내버려두고 기회에 관심을 기울여야 한다는 말이다."

To be Change-Leader, the enterprise has to focus on opportunities. They have to starve problems and feed opportunities.

∞

기업의 월간보고서는 주로 문제점들을 논의한다. 앞으로는 월간보고서에 "페이지"를 하나 더 붙여서, 그것도 문제점들을 기록하는 페이지 앞에다 붙여서 보고서를 꾸며야 한다. 그 페이지에는 예상했던 것보다 결과가 "더 나은" 분야에, 예를 들면, 매출액, 수익, 이익, 판매수량 등에 초점을 맞추어야 한다.

변화주도자로서 성공하는 기업은 기회에다 우수한 사람들을 배치하는 원칙을 철저히 지킨다. 그렇게 하기 위해서는 첫 페이지에 기회의 목록을 열거하고, 그 다음에는 최고의 기회에 가장 유능하고 가장 성과가 좋은 사람을 배치한다.

## 346_ 경영혁신의 함정

"경영혁신의 첫 번째 함정은 전략적 현실과는 일치하지 않는 혁신 기회이다. 두 번째 함정은 '신기한 것'과 '혁신적인 것'을 혼동하는 것이다. 세 번째 함정은 마지못해 하는 적응과 적극적인 행동을 혼동하는 것이다."

The first trap of innovation is an innovation opportunity which is not in tune with the strategic realities. The second trap is to confuse "novelty" with "innovation". And the third trap is confusing motion with action.

∽

경영혁신의 기준은—"품질"의 기준도 마찬가지인데—우리가 "이것을 좋아하는가?"가 하는 것이 아니다. 그것은 "우리들의 고객이 그것을 원하는가? 그리고 고객은 그것에 대해 기꺼이 값을 치를 것인가?"하는 것이다. 마지못해 하는 적응과 적극적인 행동을 혼동하는 전형적인 경우가 어떤 제품, 서비스, 또는 프로세스가 더 이상 결과를 산출하지 못할 때에는 그것들을 폐기하거나 또는 근본적으로 바꾸어야만 하는데도, 경영자는 그것을 좀 더 잘하기 위해 "재조직하는" 것이다.

## 347_ 시장조사

"진정 새로운 제품이나 서비스에 대해서는 시장조사를 할 수가 없다. 그리고 그것을 발견할 수 있는 시장조사 또는 고객조사라는 것은 없다."

One cannot market-research the truly new. And that no market or customer research can possibly discover.

∽

제품이든, 서비스든, 또는 기술이든 간에, 그 주요 시장은 애당초 혁신가와 기업가가 기대했던 것과는 다른 데서 발견하게 되고, 그리고 그 주요 적용 용도는 혁신가 또는 기업가가 설계한 제품의 용도, 서비스의 용도, 또는 기술의 용도가 아닌 데서 발견하게 되는 것이 거의 "자연의 법칙"이다.

## 348_ 제임스 와트의 실수

"정말이지, 와트는 죽을 때까지 증기엔진에 대해서는 오직 하나의 용도밖에 몰랐다. 탄광 갱도에서 물을 빼내는 용도 말이다. 그것이 바로 와트가 설계한 용도였으니까."

Actually, Watt until his death saw only one use for the steam engine: to pump water out of coal mines. Because that was the use for which he had designed it.

∽

제임스 와트(1736~1819)가 설계하여 1776년 특허 등록을 했던 개량 증기엔진은, 대부분 사람들에게는, 산업혁명의 도래를 의미하는 사건이었다. 정말이지, 와트는 죽을 때까지 증기엔진에 대해서는 오직 하나의 용도, 즉 탄광 갱도에서 물을 빼내는 용도밖에 몰랐다. 그리고 와트는 자신의 발명품을 오직 석탄 광산에만 팔았다.

산업혁명의 진정한 아버지는 와트의 동업자 매튜 볼튼(1728~1809)이었다. 볼튼은 개량 엔진이 그 당시 첨단산업이었던 섬유산업에, 특히 면방적과 면방직에 사용될 수 있다고 생각했다. 그 결과 증기엔진은 대량 시장을 최초로 가능케 했고, 최초로 공장을 만들었다. 볼튼이 증기엔진을 처음으로 섬유 공장에 판매한지 10여년 만에, 면방 섬유의 가격은 70 퍼센트나 하락했다.

## 349_ 해결사

"조직은 때로는 '내가 그것을 성공시켜 볼 테야'라고 하는, 그리고 실제로 일을 떠맡는 용감한 사람을 필요로 한다."

Organization sometimes needs somebody who says: "I am going to make this succeed," and who then goes to work on it.

∞

모든 새로운 것은 조만간 난처한 처지에 빠지게 마련이다. 그러므로 해결사가 필요하게 된다. 그런 경우 "내가 그것을 성공시켜 볼 테야"라고 하는 사람을 필요로 한다. 그리고 그 문제해결에 솔선해서 나선 경험이 있고 유능한 사람이 필요하다. 솔선해서 나서는 사람이 없으면 진정 새로운 것을 원하는 어떤 사람을 기업 내에서 찾아야 한다. 선뜻 나서는 그 사람은 조직이 존경할 만한 사람이 될 필요가 있다. 그를 존경하는 조직분위기를 만들어야 한다.

## 350_ 두 가지 예산

"변화주도자는 두 가지 예산을 갖는다. 하나는, 현재의 사업을 유지하기 위한 지출과 관련된 운영예산이다. 다른 하나는 미래를 위한 제2의, 별도의 예산이다. 미래를 위한 예산은 호경기와 침체기를 구분하지 않고 안정적으로 유지되어야 한다."

The change leader has TWO budgets. One, an operating budget which shows the expenditures to maintain the present business. Another, separate budget for the future. This budget remains stable throughout good times and bad times.

∞

대부분의 조직은—기업에서만 그런 것이 아니라—오직 하나의 예산만 갖고 있고, 그것도 조직의 경기 순환주기에 맞추어 편성된다. 호경기 시절에는 비용지출은 일률적으로 증가되고, 그리고 침체기에는 예산은 일괄적으로 삭감된다. 그러나 이런 식으로 하는 것은 미래를 놓치는 보증수표이다. 변화주도자는 미래를 위한 예산을 편성해야 한다. 이 예산은 호경기와 침체기를 구분하지 않고 안정적으로 유지된다. 이 예산은 어떤 조직의 전체 지출예산 가운데 약 10퍼센트를 차지한다.

## 351_ 성공 경험을 활용하기 위한 예산

"예산활동에 빠져서는 안 될 말은 '이것은 성공적이다. 그러므로 가능한 한 최대의 예산 지원을 해야만 한다'는 것이다."

The right argument in budget activity is "this is a success, and therefore should be supported to the maximum possible."

∞

예산활동에 있어 가장 흔하고도, 또한 가장 피해가 큰 예산 관행은—특히 어려운 시기에는—현행 사업을 지속키 위한 지출 때문에 미래의 성공을 위한 지출을 삭감하는 것이다. 이 경우 늘 하는 주장은, 이 제품은, 이 서비스는, 그리고 이 기술은 어쨌든 성공적이므로 더 이상 돈을 투입할 필요가 없다는 식이다. 그러나 올바른 주장은 "이것은 성공적이다. 그러므로 가능한 한 최대의 예산 지원을 해야만 한다"는 것이어야 한다. 그리고 그것은 경쟁자가 예산을 삭감할 가능성이 크고, 그래서 시장에 공백이 생길 가능성이 큰 침체기에 특별히 지원되지 않으면 안 된다.

## 352_ 변화와 연속

"변화와 연속은 서로 반대가 아니라 두 개의 바퀴다."

Change and continuity are two poles rather than opposites.

∞

전통적인 조직은 연속(continuity)할 수 있도록 설계되어 있다. 그것은 또한 기존의 조직들이 변화 거부 현상에 직면하는 이유를 설명해준다. 그러므로 기존의 모든 조직들은, 그것이 기업이든, 대학이든, 병원이든, 또는 교회이든 간에, 변화를 수용하기 위해 그리고 변화를 추진하기 위해 특별한 노력을 기울여야만 한다.

달리 말하자면, "전통적 조직을 위한" 변화라는 것은 어법상 모순이다. 그러므로 변화와 연속은 서로 반대가 아니라 두 개의 바퀴다.

## 353_ 내일은 어제와 다르다

"변화를 무시하려고 노력하고, 그리고 내일은 어제와 같을 것으로, 또는 단지 조금 다를 것으로 짐작한다면 그것은 허황된 것이다."

It is futile to try to ignore the changes and to pretend that tomorrow will be like yesterday, only more so.

∞

요즘은 인구통계적 변화, 정치적 변화, 사회적 변화, 철학적 변화, 그 무엇보다도 세계관의 변화가 급격히 일어나고 있다. 그런 시기에는 기존의 경제 이론과 경제 정책은 효과적일 것 같지가 않다. 그리고 마찬가지로, 그런 시기에 적합한 특별한 사회 이론도 없다. 다만 그런 시기가 끝나고, 수십 년이 흐른 뒤에서야, 무슨 일이 일어났는지를 설명해주는 이론들이 개발될 것 같다. 그러나 그런 동안에도 한 가지 사실은 분명하다. 변화를 무시하려고 노력하고, 내일은 어제와 같을 것으로, 또는 단지 조금 다를 것으로 짐작한다면 그것은 잘못된 것이다.

## 354_ 미래를 예측하는 법

"미래에 관해 성공할 가능성이 있는 유일한 정책은 미래를 만들려고 노력하는 것이다."

The only policy likely to succeed in future is to try to make the future.

∽

물론 변화정책은 현실과 적합해야 한다. 이런 제약이 있음에도 불구하고, 미래는 유동적이다. 자연세계의 미래에는 불변의 법칙이 작용한다고 해도 크게 틀리지는 않는다. 그러나 미래 사회를 결정하는 자연법칙은 없다. 첫째가 꼴찌되고, 꼴찌가 첫째 될 수가 있다. 따라서 미래는 창조될 수 있다. 미래를 만들기 위해 노력하는 것은 위험성이 매우 크다. 그러나 그것은 미래를 만들려는 노력을 하지 않는 것에 비하면 훨씬 덜 위험하다. 미래를 만들기 위한 노력들 가운데 많은 것은 분명히 성공하지 못할 것이다. 그러나 단언컨대, 달리 성공할 수 있는 것도 없다.

## 355_ 건강의 의미가 달라지고 있다

"건강의 개념은 질병과의 싸움으로부터 육체적 · 정신적 기능의 유지로 바뀔 것 같다."

Concept of health care is likely to leave from being defined as the fight against disease to being defined as the maintenance of physical and mental functioning.

∞

물론, 질병과의 싸움은 의료분야의 중요한 부분으로 남아 있다. 그러나 그것은 논리학자들이 말하는 소위 부분집합에 지나지 않는다. 전통적인 의료 및 건강관련 업무종사자들, 즉 병원과 일반의사들 가운데 어느 것도 이런 변화를 거스를 수가 없을 것 같으며, 그리고 확실한 것은 현재의 시스템과 기능으로는 이런 변화를 극복할 수가 없다. 정형외과보다는 성형외과가, 의과대학을 나온 피부과 의사보다는 2년제 대학을 나온 피부미용관리사가 돈을 더 버는 것이 요즘 현실이다.

## 356_ 제2의 인생을 준비하라

"지식근로자는 50여년간의 근로생활 동안 육체적으로는 젊고, 그리고 정신적으로는 활기를 유지하는 법을 배워야만 할 것이다. 그들은 그들이 하고 있는 것을 어떻게 그리고 언제 바꿀지를 알아야만 할 것이고, 그 방법과 시기를 알아야만 한다."

Knowledge workers will have to learn to stay young and mentally alive during a fifty-year working life. They will have to learn how and when to change what they do, how they do it, and when they do it.

∽

앞으로 인간의 평균수명이 80세를 넘게 되고, 정년이 75세로 연장되면, 대략 25세부터 근로생활을 시작한다고 보면 지식근로자의 근로생활은 50년이나 된다. 따라서 지식근로자는 평생 단 하나의 직업이 아니라 여러 직업들을 가질 준비를 해야만 하고, 단 하나의 과업 그리고 단 하나의 경력만으로는 안 되고 그 이상을 준비하지 않을 수 없다. 소위 인생 다모작 시대에 걸맞는 유연한 삶의 태도를 미리 확립해야 한다는 말이다.

정보혁명 Peter F. Drucker

## 357_ 정보공유

"매우 규모가 작은 기업마저도, 어떤 변화에 부딪히면 다음과 같이 질문하는 것을 정식 절차로 삼아야 한다. '이 정보를 알아야 할 사람은 누구인가?' 조직에 깜짝쇼라는 것은 없어야 한다는 것은 변화주도자로서 성공하고 싶은 기업이 확고히 준수해야 할 원칙이다."

When to meet any change, even the most minor enterprise must ask, "Who needs to be informed of this?" It has to be a firm rule in any enterprise that wants to be successful as a change leader, that there are no surprises.

∞

"이 정보를 알아야 할 사람은 누구인가?"라는 질문은 바로 옆방에서 작업할 수 없는 사람들 사이에, 그리고 하루에 대여섯 번씩이나 만날 수 없는 사람들에게는 점점 더 중요하게 될 것이다. 기업이 실질적으로는 함께 일하지 않는 사람들에게, 다시 말해 새로운 정보기술을 사용하는 사람들에게 점점 더 의존하면 할수록, 그들이 정보를 충분히 제공받도록 보장해 주는 것은 더욱 더 중요하게 될 것이다.

그와 동시에, 그런 사람들은 조직적으로, 체계적으로, 그리고 정기적으로 한꺼번에 모여서 실제로 서로 만나고 상호 협력하는 것 또한 점점 더 중요하게 될 것이다. 그 무엇도 얼굴을 맞댄 인간관계를 완전히 대신할 수는 없다.

## 358_ T에서 I로

"지금까지 정보기술은 주로 자료 자체에만 초점을 맞추었다. 자료의 수집, 보관, 전송, 제공 등의 업무에만 관심을 기울였다. 그것은 정보기술(Information Technology) 가운데 'T'(기술)에만 집중했던 것이다. 새로운 정보혁명은 'I'(정보)에 초점을 맞춘다."

So far, Information Technology(IT) has centered mainly on DATA itself, their collection, storage, transmission, presentation. It has focused on the 'T' in 'IT'. The new information revolutions focus on the 'I'.

∞

지금까지 정보기술은 정보의 생산자가 아니라 자료의 생산자 역할만 했다. 따라서 지금 건축 설계사들이 사용하고 있는 것과 같은 진정한 혁신적인 소프트웨어의 등장을 아무도 상상하지 못했다. 설계 소프트웨어는 전통적으로 비용과 시간이 많이 드는 부문인 대규모 빌딩의 "내부장식"을, 배수관과 하수관을, 조명과 냉난방을, 엘리베이터의 구조도와 배치도 등을 설계한다. 이런 작업은 불과 몇 년 전까지만 해도 전체 비용과 시간의 3분의 2를 차지했다. 그리고 오늘날 외과 레지던트들이 사용하는 혁신적인 의료 소프트웨어는 만약 레지던트가 수술을 잘못하면 환자가 "가상적으로 죽을 수도 있는" 결과까지도 보여주는 "가상 수술"을 하도록 해준다.

## 359_ 교육분야의 정보혁명

"정보혁명은 교육분야를 혁신하고 있다. 다시 말해, 개념의 변화는 적어도 도구와 기술의 변화만큼 중요하게 될 것이다. 교육기술은 매우 커다란 변화를 겪고 있으며 교육기술의 변화는 교육의 구조마저도 심각하게 바꿀 것이다."

The information revolution is about to revolutionize education. Again, the change in concepts will be at least as important as the changes in tools and technology. It is generally accepted now that education technology is due for profound changes and that with them will come profound changes in structure.

∞

원거리 학습(long distance learning)은 미국의 독특한 기관, 즉 독자적으로 운영되는 미국의 대학을 25년 내에 무용지물로 만들어버릴 수도 있다. 그로 인한 가능성 있는 하나의 결론은, 고등교육의 무게중심은 성인들의 근로생활 시기 전체를 통해 실시될 평생 전문교육으로 이동할지도 모른다는 것이다. 그 다음에는 오프 캠퍼스(off campus) 교육으로 이동할 것 같고, 또 다양한 새로운 교육 장소로 이동해 갈 것 같다. 예를 들면, 집으로, 자동차로, 또는 출근길 지하철로, 그리고 작업장으로, 교회의 지하실로, 또는 소규모 집단이 몇 시간씩 만나는 학교 강당으로 말이다.

## 360_ 종교혁명은 인쇄술 발달의 부산물이었다

"인쇄가 끼친 최대의 영향은 구텐베르크 이전 유럽에서 핵심적 기관이었던 가톨릭교회에 대한 것이었다. 인쇄는 프로테스탄트 종교개혁을 가능케 했다."

Printing's greatest impact was on the core of pre-Gutenberg Europe: the Catholic church. Printing made the Protestant Reformation possible.

∞

마틴 루터(1483~1546) 이전의 선구자들, 즉 영국의 존 위클리프(1330~1384)와 보헤미아의 존 후스(1372~1415)의 개혁도 민중으로부터 똑같이 열광적인 호응을 받았다. 그러나 그런 종교 반란은 구전(口傳) 이상으로 더 멀리 또는 더 빨리 확산될 수 없었기 때문에, 국지적으로 한정되거나 억압받을 수밖에 없었다.

1517년 10월 31일 루터가 비텐베르크 교회 정문에 95개 조문을 못 박았을 때 그는 오직 교회 내에서 전통적인 신학적 토론을 할 심산이었다. 그러나 루터의 동의도 없이, 아마도 루터가 알지도 못하는 사이에 그것은 즉각 인쇄되었고 유럽 전역으로 퍼져 나갔다. 그 인쇄된 소책자들이 종교개혁으로 이어진 종교적 반란에 불씨를 던졌고, 그 불씨는 세계를 태웠다.

## 361_ 활동기준 원가

"전통적 원가회계는 무슨 일을 하는데 드는 비용과 원가만을 측정한다. 활동기준 원가는 무엇을 하지 않는데 드는 비용도 기록한다. 활동기준 원가는 원가통제를 훨씬 더 잘할 수 있도록 해줄 뿐만 아니라, 점점 더 그것은 결과통제도 할 수 있도록 해준다."

Traditional cost accounting measures only what is costs to do something. Activity-based costing also records the cost of not doing. Activity-based costing gives not only much better cost control, increasingly, it gives result control.

∽

전통적 원가회계는 무슨 일을 하는데 드는 비용, 예를 들면, 스크류를 깎는다든가 하는데 드는 원가를 측정한다. 활동기준 원가는 무엇을 하지 않는데 드는 비용도 기록한다. 예를 들면, 기계가 작동 중지된 시간의 원가, 필요한 부품이나 도구가 도착하기까지 기다리는 원가, 선적하기 위해 재고자산이 대기하는 원가, 그리고 불량품을 재작업하거나 폐기처분하는데 드는 원가 등이다. "무엇을 하지 않는데 드는 원가"는 전통적 원가회계가 기록할 수도 기록하지도 않지만, 때로는 "무엇을 하는 원가"와 같거나 심지어는 더 큰 경우도 있다.

## 362_ 가격중심 원가산정

"회사로 하여금 경제사슬 원가를 받아들이게 하는 강력한 추진력은 원가중심 가격결정에서 가격중심 원가산정으로의 이동일 것이다. 경제사슬 원가는 회사들 사이에 정보공유를 필요로 한다. 그렇지만 같은 회사 내에서마저도, 사람들은 정보공유를 거부하는 경향이 있다."

A powerful force driving companies toward economic-chain costing will be the shift from cost-led pricing to price-led costing. Economic-chain costing requires information-sharing across companies; yet even within the same company, people tend to resist information sharing.

∽

전통적으로, 서구의 회사들은 원가로부터 출발했고, 거기에다 기대 이익을 추가했고, 그리고 최종적으로 가격을 결정했다. 그들은 원가중심 가격결정 방식을 실천했다. 시어즈와 마크스 & 스미스는 오래 전에 가격중심 원가산정으로 전환했는데, 디자인 단계부터 시작하여 생산, 광고, 판매비용 등을 계산하지만, 그것은 고객이 지불할 용의가 있는 가격을 기준으로 허용원가(allowable cost)를 거꾸로 산정하는 방법이다.

## 363_ 최고경영자가 필요로 하는 정보

"최고경영자가 필요로 하는 정보는 최고경영자 자신 외에는 누구도 제공할 수 없다는 것은 분명하다. 그러나 여태까지는 자신이 필요로 하는 것이 무엇인지 알려고 노력했거나, 심지어 그것을 조직하는 방법을 결정하기 위해 많은 노력을 기울인 최고경영자는 거의 없다."

It is clear that no one can provide the information which executives need, except executives themselves. But few executives so far have made much of an effort to decide what they need, and even less, how to organize it.

∽

최고경영자가 자신의 임무를 수행하는데 필요한 정보를 생산하기 위해서는, 그는 두 가지 질문을 해야 한다. 첫 번째 질문은 "내가 원하는 것은, 그리고 필요로 하는 것은 무엇인가?"가 아니다. 그것은 "다른 사람들이 나로부터 필요로 하는 것이 무엇인가?" 그리고 "그런 사람들은 누구인가?" 하는 것이다. 그런 뒤에 다음과 같은 질문을 해야 한다. "내가 필요로 하는 정보는 무엇인가? 누구에게서? 어떤 형태로? 언제 필요한가?"

## 364_ 조직된 정보

"조직되지 않은 정보는 여전히 자료일 뿐이다. 자료가 의미 있는 정보가 되기 위해서는 자료는 조직되어야만 한다."

Unless organized, information is still data, To be meaningful it has to be organized.

∞

하나의 예가 미국의 일부 금융기관들로서 1990년대 후반 이들 금융기관들은 아시아의 경제적 붕괴에 놀라지 않았다. 그들은 아시아의 경제와 아시아의 통화와 관련한 "자료"의 의미를 신중하게 분석했다. 그것을 정보로 조직했던 것이다―그리고 어떤 조치를 필요로하기 훨씬 전에 어떤 조치를 취해야 하는지를 결정해 두고 있었던 것이다. "태국 또는 인도네시아에서 우리가 하고 있는 사업과 관련하여 어떤 정보가 의미가 있는가?"하고 의문을 품은 몇몇 최고경영자들만이 아시아의 경제위기에 대해 대응 준비를 했다.

그리고 정보의 목적은 지식이 아니다. 그것은 올바른 행동을 취하기 위한 준비를 하는 것이다.

## 365_ 외부 정보

"장기적으로 보면, 외부에 대한 정보는 최고경영자가 자신의 업무를 수행하는데 필요한 가장 중요한 정보가 될 것이다. 동시에, 그것은 여전히 조직되어야만 하는 정보이다."

In the long run, information about the outside may be the most important information executives need to do their work. At the same time, it is the one that still has to be organized.

∞

외부정보를 수집하는 방법은 다른 직업을 가진 사람들, 다른 배경의 사람들, 다른 지식을 가진 사람들, 다른 가치관과 다른 관점을 가진 사람들이 세계를 어떻게 보고 어떻게 행동하고 대응하는지, 그리고 그들의 의사결정 방법은 어떤지에 대한 정보를 수집함으로써 가능하다. 경쟁자의 점포를 관찰하고, 듣고, 경쟁자의 종업원들 그리고 경쟁자의 고객들과 이야기를 나눔으로써 수집할 수도 있다.

## 기업과 경영의 역사

"기업과 경영인의 흥망성쇠를 삼국지처럼 흥미진진하게 보여준다."
-박영균의 비즈북스(동아일보 편집부국장)

이 책은 그 많은 경영서와는 다르다. '당장 이렇게 하라'는 처방이 없다는 점에서 그렇다. 그보다는 기업이란 무엇이고, 경영은 무엇인가를 과거의 역사를 통해 보여주려고 한다. 숱한 기업과 경영자들의 얘기를 읽다보면 마치 삼국지를 읽는 것처럼 '이렇게 해야 하는구나'하는 생각이 자신도 모르게 자리를 잡게 될 것이다.

이재규 지음 / 488면 / 양장본 / 값 17,000원

## 청소년을 위한 경영의 역사

"이 책을 읽고 장차 기업인을 꿈꾸는 젊은이가 많이 나온다면 더할 나위 없는 기쁨이다." -저자의 말

2008년부터 서울대 등 주요 대학입시에서 논술 비중이 강화되면서 한층 폭넓은 지식이 요구되었다. 경제의 세 가지 주체는 국가, 기업, 가정이다. 이 책은 경영의 역사를 재미있게 설명함으로써 경제와 경영의 개념을 잘 설명해준다.
청소년들에게 교양과 지식을 풍부하게 해주는 책.

이재규 지음 / 356면 / 값 12,000원

## 유방의 참모학- 한신, 장량, 소하의 지략

"내가 천하를 얻을 수 있었던 것은 한신, 장량, 소하 세 사람을 참모로 얻어 잘 쓸수 있었기 때문이다."
-유방이 항우를 물리치고 천하를 제패하고 나서 한 말

유방과 항우의 싸움은 조직력 싸움이었다. 참모들을 경쟁시키고 서로 이해시키면서 하나의 목적을 위해 종횡으로 협조케 하는 유방의 참모 용병술이야말로 그에게 천하를 가져다준 가장 큰 이유였다.

이시야마 다카시 지음 / 이강희 옮김/ 양장본 / 값 13,000원

## 미야모토 무사시의 오륜서

**"무협소설 매니아에서 대기업 경영자까지 모두 만족시키는 신기한 책"** -김지룡(일본문화평론가)

일본의 전설적인 검객 미야모토 무사시. 그가 말년에 쓴 <오륜서(五輪書)>는 병법의 바이블로 통한다. 이를 현대의 경영전략에 접목시킨 책 <미야모토 무사시의 오륜서>가 나왔다. 그는 이 책에서 검술과 무사의 도에 관해 얘기하지만 한구절씩 음미해보면 난세에 필요한 경영전략의 진수가 담겨 있다.

미야모토 무사시 지음 / 안수경 옮김 / 양장본 / 값 7,500원

## 상하이人 홍콩人 베이징人

**중국 각 지역 상인들의 기질과 상술에 관한 보고서**

세계의 공장 중국. 진출 한국 기업 18,000여개. 중국 진출은 이제 선택이 아니라 필수가 되었다. 그리고 양날의 칼처럼 위기이면서도 기회이다. 각성(各省)마다 다른 독특한 기질, 즉 성민성(省民性)을 파악하는 것이 중국 관련 비즈니스의 성공 열쇠이다.

공건 지음 / 안수경 옮김/ 값 11,000원

## 사무라이 인간경영 原題:하가쿠레(葉隱)

**"사람을 거느린다는 것은 자기 혼자만 먹어서는 안되면 한그릇의 밥이라도 나누어 부하에게 먹인다면 따라오게 마련이다."**

경영전략의 고전으로 꼽히는 다섯 책이 있다. <손자병법>, 미야모토 무사시의 <오륜서>, 아우제비츠의 <전쟁론>, 마키아벨리의 <군주론>, 나머지 하나가 바로 이 책 <사무라이 인간경영 원제:하가쿠레>이다. 지금부터 280년전에 쓰여진 이 책은 언뜻 보기에는 무사도에 관해 얘기하고 있지만, 전세계적으로 수많은 사람들에게 비즈니스의 고전으로 읽혀오고 있는 책이다.

야마모토 쓰네토모 지음 / 이강희 옮김 / 값 10,000원

## 남자의 건강법

### 남자의 후반생을 행복으로 이끌어주는 지침서

저자는 일본의 유명 건강 프로그램 진행자이다. 그는 40대 후반에 정력이 감퇴했다는 것을 느끼고 적잖은 충격을 받았다. 당황하여 지푸라기라도 잡는 듯한 심정으로 동서고금의 회춘에 대한 책을 섭렵하기 시작했다. 그후 15년 동안 그 하나하나를 실천, 그 성과를 확인한 뒤에야 확고한 자신감을 가지고 이 책을 썼다고 밝히고 있다.

다치카와 미치오 지음 / 값 10,000원

## 일과 인생의 균형감각

### 경영의 새 화두 - 일과 생활의 균형(Work Life Balance)

최근 삼성경제연구소는 <일과 생활의 균형>이라는 제목의 연구보고서를 내놓았다. 내놓았다. 회사와 일을 우선시하던 기성세대와 달리 최근 직장인들의 인식은 개인의 생활을 중시하는 방향으로 변하고 있다. 이른바 '일과 생활의 균형'을 추구하는 움직임이 본격화되고 있는 것이다. 사회인으로서 인정받으며 가족과 개인의 생활을 중시하며 삶의 질을 높일 수 있는 것, 그것이 바로 일과 인생의 균형감각을 가져야 하는 이유이다.

사이토 시게타 지음 / 박현석 옮김 / 값 9,000원

## 주식투자 절대불변의 법칙89

### 뜨거운 주식시장에 뛰어들기 전에 꼭 한번 읽어봐야 할 책

저자는 주식 투자 초창기에 약간의 돈을 잃었다. 그래서 미국의 제일 가는 금융 전문가들을 찾아다니며 인터뷰하고 면담하면서 분석한 뒤 마침내 큰 수익을 올릴 수 있었다. 이렇듯 월가의 고수들을 만나 배우고 주식에 관한 모든 책을 섭렵하여 주식투자에 있어서 반드시 지켜야 할 원칙들만을 쓴 것이 바로 이 책이다.

마이클 신시어 지음 / 김명렬 옮김 / 값 14,000원